MILLION DOLLAR SPEAKING

演讲家的商业思维

THE PROFESSIONAL'S GUIDE
TO BUILDING YOUR **PLATFORM**

[美] 艾伦·韦斯 著　李海峰　邵 童　王小芳 译

清华大学出版社
北　京

Alan Weiss
Million Dollar Speaking: The Professional's Guide to Building Your Platform
978-0-07-174380-8
Copyright © 2011 by McGraw-Hill Education.

All Rights reserved. No part of this publication may be reproduced or transmitted in any form or by any means, electronic or mechanical, including without limitation photocopying, recording, taping, or any database, information or retrieval system, without the prior written permission of the publisher.

This authorized Chinese translation edition is jointly published by McGraw-Hill Education and Tsinghua University Press Limited. This edition is authorized for sale in the People's Republic of China only, excluding Hong Kong, Macao SAR and Taiwan.

Translation Copyright © 2021 by McGraw-Hill Education and Tsinghua University Press Limited.

版权所有。未经出版人事先书面许可，对本出版物的任何部分不得以任何方式或途径复制传播，包括但不限于复印、录制、录音，或通过任何数据库、信息或可检索的系统。

本授权中文简体字翻译版由麦格劳 - 希尔教育出版公司和清华大学出版社有限公司合作出版。此版本经授权仅限在中华人民共和国境内（不包括香港特别行政区、澳门特别行政区和台湾）销售。

翻译版权 © 2021 由麦格劳 - 希尔教育出版公司与清华大学出版社有限公司所有。

北京市版权局著作权合同登记号：01-2021-2410

本书封面贴有 McGraw-Hill 公司防伪标签，无标签者不得销售。
版权所有，侵权必究。举报：010-62782989，beiqinquan@tup.tsinghua.edu.cn。

图书在版编目（CIP）数据

演讲家的商业思维/（美）艾伦·韦斯（Alan Weiss）著；李海峰，邵童，王小芳译．—北京：清华大学出版社，2021.5（2023.6重印）
书名原文：Million Dollar Speaking：The Professional's Guide to Building Your Platform
ISBN 978-7-302-58025-6

Ⅰ.①演… Ⅱ.①艾… ②李… ③邵… ④王… Ⅲ.①演讲－语言艺术 Ⅳ.① H019

中国版本图书馆 CIP 数据核字 (2021) 第 096704 号

责任编辑：陈　莉　高　屾
封面设计：周晓亮
版式设计：思创景点
责任校对：马遥遥
责任印制：沈　露

出版发行：清华大学出版社
网　　址：http://www.tup.com.cn, http://www.wqbook.com
地　　址：北京清华大学学研大厦 A 座　　邮　编：100084
社 总 机：010-83470000　　邮　购：010-62786544
投稿与读者服务：010-62776969，c-service@tup.tsinghua.edu.cn
质量反馈：010-62772015，zhiliang@tup.tsinghua.edu.cn

印 装 者：大厂回族自治县彩虹印刷有限公司
经　　销：全国新华书店
开　　本：148mm×210mm　　印　张：7.875　　字　数：220 千字
版　　次：2021 年 6 月第 1 版　　印　次：2023 年 6 月第 2 次印刷
定　　价：58.00 元

产品编号：090475-01

译者序

非常多的优秀的授权讲师向我推荐艾伦·韦斯的书，我也在微信群里对其做过系统且深入的分享。这次有机会组织翻译他的书，我感到非常荣幸。

作为 DISC+ 社群联合创始人，自 2015 年开始，我亲自认证了超过 5 000 位 DISC 授权讲师。很多人来参加 DISC 授权讲师认证，是因为热爱这份事业，也因为这份职业稳定。真正的稳定，不是在一个地方吃一辈子饭，而是一辈子在哪里都有饭吃。

2021 年 1 月 8 日出版的《人民日报》上，刊登了一篇《副业也有大能量》的评论，鼓励"副业创新"。在我看来，这其实是鼓励多元化职业的生存发展。如果大家能把未来的个人竞争力放在通用软技能的专业发展上，往往可以做到"副业变现，主业变强"。

我们的 DISC 授权讲师，一见面就喜欢问：你赚回学费了吗？

我们当然知道，有没有赚回学费不是衡量一个课程好坏的唯一标准，但是对于技能型课程来说，能否转化为生产力工具则是很重要的评价标准。赚回学费，以及持续赚回 N 倍学费，就不会让自己停留在考核自身的能力上，而会要求你打造出自己的交付系统、营销系统和运营系统。

这一切都离不开良好的商业思维。

一个专业人士，一旦有了良好的商业思维，他的人生之路就会顺利前行。

对于很多人来说，培训师是一个很好的选择，因为职业讲师的收入较高，哪怕只在周末做几场培训，也会收入颇丰。

同时，我也看到，很多人除了做培训师，还可以做很好的演讲家，成为很好的教练，成为很好的咨询顾问。他们知道诀窍，身法灵活。

他们常常提到一个人：艾伦·韦斯。

韦斯博士被同行视为传奇，美国纽约邮报称其为"美国最受尊敬的独立咨询师"。他把自己很多的实战经验做了系统的梳理和总结。他获得了美国出版协会终身成就奖，并入选专业演讲协会名人堂。

他是一名实战专家。你手上的这本书来自他的百万美元系列图书，他把这套书的目标定为"帮助你的银行账户增加一百万美元"。

这套"商业思维"的译本涉及"教练""咨询顾问""演讲家"三个职业的相关内容，重点探讨的是如何"营销"，如何实现商业化，即作为专业人士，无须常常超额完成工作，也可收入不菲。

这套书出自同一位作者，作者结合多个方面进行综合讨论。我建议你三本一起看，能够更好地建立自己的商业思维体系。

译本尽量尊重作者原意。而对于很多问题的具体看法，大家可以通过译者的微信与译者团队直接沟通，我们会通过提供免费资料、举办线上共读会和做线下演讲及培训等方式来做分享。

赚钱不是终极目的，通过工作实现我们的价值感和幸福感才是多数人的追求。

脉脉数据研究院发布的《人才吸引力报告2020》中，幸福指数排名第一的行业是"教育/培训/科研"。具备商业思维的专业人士是可以实现物质、精神双重富足的。

追求自由和意义的动力和与盈利性工作相结合的机遇将超出你的想象，未来新的工作杠杆支点是你的专业能力和你的商业思维。

面对变革，是选择对抗还是接受，这由你决定。机会不会永远存在。越早出发，你具有的竞争优势就越大。

译者

前　言

　　这本书是为专业人士而写，它要强调的是一种职业、一份事业，而不是一个嗜好或"一时兴起"。业余演讲在社群、民间协会、宗教组织等类似团体中是很重要的，而且是需要持续改进的。像Toastmaster(演讲俱乐部)之类的协会，数十年来一直在为业余演讲者提供帮助，使他们在此领域精进。

　　然而，从业余演讲者到专业演讲家，是一个质变的过程。专业演讲家是收费的，用迷人又有趣的方式，讲述着相关的、重要的内容。遗憾的是，那些关于如何打开市场、创造收费价值的内容，多数只是行业"传说"。

　　就像我在这里写的一样，大多数的职业演讲师的收入与付出不成正比。

　　我在书中最想告诉你的是，职业演讲是一份事业，不是工作、职位、娱乐、爱好，从业者可期待据此过上想要的生活。演讲是生意，毫不逊色于其他的商业模式。

　　任何一位商人都不希望接受非专业的评判，也不愿意以非专业的方式收费。

　　如果你想成为成功的演讲家，并且在帮助自己和家人的同时帮助其他人，那请继续往下读吧！

艾伦·韦斯

目 录

第1部分 悟 性

第1章 何时成为职业演讲师 ………………… 2
演讲业将何去何从 ………………………… 3
为什么精致的晚餐既要有牛排又要有烤架的
嗞嗞声 ……………………………………… 5
真正的演讲师不是会表演的海豹 …………… 7
百万年薪演讲家的秘籍 ……………………… 8
多样的演讲场景 ……………………………… 9
演讲业的奇特之处 ………………………… 12
总结 ………………………………………… 15

第2章 建立自己的市场 ……………………… 16
创造价值主张 ……………………………… 16
把假人从封面上去掉 ……………………… 19
12步拓宽市场"范围" ……………………… 21
真实、虚拟、模拟市场的检验方法 ……… 25
整理你的路径：最简单的路线通常最佳 …… 28
总结 ………………………………………… 30

第3章 定位并成为重要目标 ························ 31

长期从业让你变老，但不一定让你变好 ······ 31
把知识资本转化为知识财产 ···················· 35
制造病毒营销 ························· 38
拓展业务最好的 9 个习惯 ···················· 40
如果你不吹响号角，就没有音乐 ············ 48
是鱼就会游泳，但是萝卜青菜各有所爱 ······ 52
总结 ····························· 53

第4章 确定收费 ····························· 55

必须创建的三个基本收费范围 ·············· 55
甩掉中间商：只与真正的买家做交易 ········ 60
提供肯定的选择 ························· 64
细分一个事件的完成程序，让你的成功
提高 3 倍 ····························· 65
增加报酬的 40 种方法 ···················· 68
增加报酬周转率 ························· 70
总结 ····························· 72

第5章 现代营销 ····························· 73

互联网的魔力和秘密 ························· 73
和演讲机构合作 (或者不合作)，不要成为
雇佣工 ····························· 76
行业协会：赚钱和营销同时进行 ············ 83
出版地点和方式 ························· 87
营销的时代精神：市场引力循环 ············ 93
总结 ····························· 98

第6章 精简 ································· 99

财富是自由支配的时间 ······················ 99
员工具备的 5 个重要特点 ···················· 102

你是职业演讲师而不是雇佣工 ············ 109
合理、客观和专业的反馈 ················ 111
附属细则：合并、法律、会计、保险、
 税收等 ······························ 116
总结 ···································· 121

第2部分 牛 排

第7章 加速和强调你的影响力 ········ 124
过程超越内容的神秘杠杆作用 ·········· 124
"保质期"和创造长期知识财产的秘密 ···· 130
为什么使用常识很少出局 ·············· 131
暗喻、可视教具和实用转换方式的应用 ··· 133
让你的演讲事业迅速发展的15个资源 ···· 135
总结 ···································· 137

第8章 创造大规模的演讲和讲习班 ···· 138
将自己的独创材料和独创来源结合使用 ··· 138
人们用不同的方式学习：不要以己度人 ··· 150
90分钟规则 ···························· 158
主题：虚拟团队的领导力 ·············· 161
总结 ···································· 163

第9章 从坚持到历练再到成功 ········ 164
回绝业务 ································ 164
让自己出类拔萃 ························ 168
三种演讲师中为什么只有一种获得成功 ··· 172
降落伞的例子 ·························· 174
支持提高收费的15种情况 ·············· 176
总结 ···································· 183

第3部分 烤 架

第10章 讲台工作 ························186
- 肢体语言、手势和动作的神话 ················186
- 10种吸引观众的人际关系技巧 ··············188
- 吸引所有听众的20种方法 ·················199
- 把握你的时间 ·······························206
- 随机应变 ··································209
- 把错误和麻烦变为不同寻常的机会 ··········211
- 总结 ······································213

第11章 使人乏味的事：非演讲方面的收入 ··········214
- 创造产品和服务收入的10种观点 ············214
- 加速曲线 ··································224
- 建立消费群 ································226
- 总结 ······································228

第12章 为成功做准备 ·····················229
- 天外有天 ··································229
- 道德自律规范：一位演讲师的信条 ··········231
- 个人和专业奖励 ····························233
- 回报 ······································234
- 总结 ······································237

结束语 ····································238
- 送给新从业演讲师的加速剂 ················238
- 给资深演讲师的加速剂 ····················240
- 给演讲机构的建议 ························241

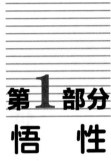

第1部分
悟　性

　　给职业演讲提意见的人多于优秀的职业演讲家。但是你选的滑雪教练要能站在离你6码远的斜坡上给你示范接下来需要做的动作,而不是给你发一段视频课程,说几句鼓励的话后就坐在屋里品尝白兰地。

第 1 章
何时成为职业演讲师

> 毕竟，我们都在演讲，经常同时演讲。

我曾经为一场在罗得岛州普罗维登斯市的威斯汀酒店里举行的小型企业颁奖仪式做过一次演讲。那是颁奖后的 45 分钟餐后演讲，时间安排得很不理想。主办方原本要求我免费做这场演讲，因为从我家到酒店只需要 15 分钟。但是我指出，承办这次活动的三家大公司从来没有免费发放过他们的产品，所以我必须得到应得的全额报酬。

在演讲的结尾，我准备了一个竞赛游戏，不知道是对我的演讲满意，还是因为演讲结束了而感到高兴，400 人全体起立 (有些人看起来极其不情愿)。和往常一样，演讲结束后一群人围着我，等着和我交谈。

"你是我们这里请到的最好的演讲师，这次演讲也是我听过的最好的演讲。"站在人群中的一位女士说。

"我想我不是，但还是谢谢你。"我回答道。

"不，你就是最好的演讲师。"这位女士坚持说。

"我打赌你对所有演讲师都这样说。"我笑着说，着急想走。

"不，你和他们不一样。"

"好吧！"我说。面对我的支持者，我问道，"你为什么认为我的演讲好？"

"因为你是我们这里请到的唯一一个能拿着麦克风边走边说的演

讲师。"

我不知所措地小声问道:"你对我就小型企业提出的 4 种超前的观点有什么看法?"

她看着我,疑惑地问道:"哪 4 种观点?"

演讲业将何去何从

一直以来,如果你告诉大家你是职业演讲师,人们很快就会联想到"励志演说家"——一个把这一事业同错误和无脑挂钩的词。把一个优秀的职业演讲师说成是一个"励志演说家",就好比把五星级酒店的晚餐说成是一顿便饭,把威利·梅斯称为"外场手",或者把茱蒂·嘉兰称为"歌手"。

这些说法有些词不达意。

一直以来,从他们感动听众的方式上讲,职业演讲师是像比利·桑戴或者罗兰·罗伯特一样的传教士。也有一些演讲师试图让听众了解自身的潜能,他们通常不提供实用的技术,而是说一些鼓励的话:"你可以成为自己的朋友""你是掌控自己生活的主人"。伴随着经验和练习的累积(接替早期的感受能力训练和敏感性训练[①]),演讲逐渐演变成为工作坊和活动。

20 世纪 60 年代我们有华纳·爱华德,20 世纪 90 年代我们有托尼·罗宾斯。一路走来,我们见过无数觊觎励志桂冠的人,他们用的方法在很大程度上是建立在发起人的人格上,不亚于那些虔诚并具有领袖般超凡魅力的演讲家。据我所知,托尼·罗宾斯的授权课程讲师鲜有成功者,我曾给这样的授权讲师做过辅导。听众更愿意听大师本人演讲,这是可以理解的。

最后,还有一些由企业员工组成的"集会",这些集会所有的费

[①] 比如:如果在职场遭遇失败,请相信你的同事会明白你,不会抛弃你,也不会落井下石。

用都由企业来支付。在集会的参与者中会有一个组织者，学着科林·鲍威尔、乔治·布什、金克拉以及任何一个能在人群中获得喝彩的人物的样子出场。在集会开始的前几个小时，大家还能听到一些激动人心的评论，买到一些纪念品(那种只能放在书架上吃灰的纪念品)，带着公司刚刚为他们进行了长期投资这样的瞬时想法，继续回去工作①。(这样要比给他们加薪或改善福利划算多了。)

但是，那样的时代已经不复存在了。

当然，在沙滩上你仍能够看到，高盛银行或者保诚保险的高级经理在"正能量教练"或者"激励经理"的指导下进行堆沙成堡的比赛。对于演讲师，这种活动只会在他们身上留下一些晒斑。

到了今天，光激励是不够的，还要了解一些领域的专业知识，并用生动、有趣的方式表达出来，这样才能满足客户的预期。因此，以下两种极端的做法是不可行的。

▸ 像疯癫乱跑的卖帽子先生(神经质)，企图通过"帽子可以让你暖和，但不会把你点燃"这样的句子起到激励作用。

▸ 站在台上一动不动，念着185张PPT演讲稿，而台下的听众正在黑暗中玩着手机。(演讲形同虚设。)

> 想通过职业演讲赚钱，不仅要会打鸡血，还要有实用的内容和技巧。

一起看看，为什么市场预期和需求发生了变化？

❶ **高水平听众不断增加。**大众媒体和网络媒体创造了更高的预期，比如TED(TED.com)，人们可以很容易地在TED网站上看到各类专家，只要登录，在20分钟的时间里(演讲时间限制)，就会被海底喷泉、虚拟幸福、城市规划或现代沟通工具等内容吸引。

---

① 一些心理学杂志对参与安东尼·罗宾斯著名的"在炭火上行走"活动的人做了一些有趣的报道：这些参加活动的人后来都去看了心理医生，因为他们脚上的重创根本不能解决生活中存在的问题。

❷ **高水平买家不断增加**。集团经理人和贸易协会主管追求投入产出比,他们不需要演讲师在几个小时的时间里,像保姆一样照顾观众(的情绪),而是演讲中有与组织的战略战术管理相关联的内容。

❸ **出现过多低水平的演讲师**。由于零门槛的行业准入,很多人靠向这一行并以此谋生,最终落败。其中许多人把自己定位为商品,试图低价走量,采取薄利多销的市场策略,或者从事低质量(重复性)的工作。

❹ **经济紧缩**。在经济复苏时期,企业才更愿意花钱。由于职业演讲师从未证明自己的不可或缺性,那么到了经济紧缩时期,奉行"少即是多"的哲学,企业会减少对专业演讲服务的购买。

❺ **培训业务的兴起**。大部分通过演讲赚到钱的人,在培训行业也收获颇丰(我们会本书后面的部分介绍),很少有不知名的演讲家能在主题演讲中赚到钱,也很少有人真的这样去做,因为太荒唐了。随着企业内部人力资源的信誉越来越差,这也成了一条不好走的路。

演讲行业,正在向更好的方向前进,这也是为什么想在这条赛道上维持长期繁荣,会比以往任何时候都更容易。

为什么精致的晚餐既要有牛排又要有烤架的嗞嗞声

普罗维登斯市有一家很棒的复古餐馆,我喜欢在那里和客户闲聊。这家餐馆名叫 CAPRICCIO,环境昏暗,领班穿着燕尾服,这里允许在餐桌旁烤食物,这一特色有点过时,却无法绝迹。

CAPRICCIO 既有牛排,又有诱人的烤架的嗞嗞声,它的菜肴体现了饭馆特有的格调和魅力(我确信这和你喜欢的餐馆如出一辙)。

如果你有意学到高价值的投资经验，或者想找一个安心的地方坐坐，可以考虑一下我常去的 CAPRCCIO。无论做什么事，都要有仪式感，你不会想在停车场吃牛排，或在阁楼吃脆骨，对吗？

每位演讲家都应该具有感染力（就像烤架的嗞嗞声），生动地与听众互动，那么牛排就像你在演讲中介绍的——灵活可信的经验、能力、专业知识。

下面我们看一下这两大要素分别出现的 4 种情况（见图 1.1）。

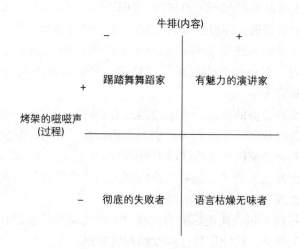

图 1.1　烤架的嗞嗞声和牛排

位于右上角的有魅力的演讲家，不但有原创且切题的内容，还有恰到好处的幽默和饱满的感染力，我们称之为"舞台技巧"。"舞台技巧"是指迷人的舞台气质和活跃气氛的能力。左下角的彻底的失败者不具备上述任何特质，只能让人们失望，并最终被彻底淘汰出局。

左上角和右下角两个位置是两个危险的角色，他们力求成为真正的职业演讲家。踢踏舞舞蹈家是一个根本没有演讲内容的演讲者，没有"牛排"，但是，他用舞蹈步法、讲笑话、演奏乐器、表演口技、变魔术、砸南瓜等，让观众眼花缭乱。

右下角位置是语言枯燥无味者，他的"烤架的嗞嗞声"几年前被洪水扑灭,能在一个小时内不间断地放映 120 张幻灯片[1]。我曾经在罗格大学的寄宿学校上过一段时间的课,每一堂课教授都会逐字朗读写在几百张黄纸上的论文笔记,一边念,一边有规律地翻着笔记,没有任何音色和语调的变化,你甚至能听到从教室后面传来的鼾声。

> 不要光讲你知道的,要讲观众们需要知道的。

很多希望做职业演讲的人,都试图传达一个信息,那就是"宇宙不灭,演讲不停"。(其实总是事与愿违)。一段人生无论多么辉煌,多么痛苦,都无法转化成另外一个人的需求(甚至不会引起别人注意)。虽然这有点夸张,却异常真实。还有一些人,仅仅是喜欢公开演说,因为他们太狂热,太容易激动,而不关心内容与主题是否相关。(这种疯狂的举动你能坚持多长时间?)

你的老师、教授、会议主持人、教练和领导大多都无法与演讲师相提并论。我又是怎么知道的呢?因为每当我们运气好时,都会小题大做。

真正的演讲师不是会表演的海豹

这是一个与思维能力相关的行业。数年前,我参加了一个由全国演讲协会组织的特别小组,调查买家选择职业演讲师的真正目的。我们发现,他们需要的是专业知识——"牛排"。[2]

我们可以把专业知识定义为针对某一特定课题的严谨而全面的学问,其中包含起源、应用、优势、劣势以及未来发展的可能性等,它

---

[1] 下面我来讲两个真实的故事。第一个故事是在我参加的一次会议上,某教授本该用 25 分钟做完演讲,但他却放映了 180 张幻灯片,把演讲时间延长到了 90 分钟,而主办方没有一人出面进行阻止。另外一个故事出自几年前 New England Journal of Medicine 的一篇报道,称一个获得听众最高评价的演讲师在会议前取消了演讲并且再也没有出现过。

[2] 这里的买家指的是经济学意义上的买家,不是指只能称为中间人的会议策划人和策划机构。在我的《咨询顾问的商业思维》中详细介绍了什么是经济学买家和怎样定义经济学买家。

与完美、智慧及个人对全球信息的掌握程度没有关系。它能够帮助人们在某一特定领域获得进步。这些进步可以以任何形式存在，例如更多的知识、改变的行为、新的标准、降低的压力、更和谐的生活方式或者更稳固的人际关系。但是它与跳铁环、穿奇怪的衣服、在鼻子上玩积木、玩火球或者看穿别人的心事等行为无关。这些活动偶尔也会产生重要作用，如果使用恰当，也很有趣（这些不是变魔术），但这不是职业演讲师应该做的事情。杂技用得越多，你想要表达的教育性和启发性的信息就越少。杂技和口技演员太多了。

相对来说，有影响力和吸引人的职业演讲师为数不多。如果你想赚大钱，就请参考下面对演讲师的专业行为和举止所做的分析。

百万年薪演讲家的秘籍

❶ 聚焦文字的力量，尽量减少卖弄技巧。你可以选择可视内容、观众互动或者播放一段音乐，如果这些占到演讲时长的10%（即1小时演讲中的6分/一上午工作坊中的半个小时），那么你会把你的形象、品牌，甚至听众搞混。（在1小时的演讲中，可视内容不要超过10%。）

❷ 创建并维护专业形象。如果你在讲台上戴着奇怪的帽子、穿奇装异服，以及夸张的饰品，或者兜售T恤和人字拖，那么你是在推销商品，而不是在演讲。（穿着永远要比听众正式，比如，如果是商务场合，要穿着商务装；如果是休闲场合，要穿着商务休闲装。）

❸ 不要让主办方决定你的态度或举止。你是演讲方面的专家，因此应该由你来决定如何出场、退场、如何介绍自己，以及是否参加相关的活动。在公司的狂欢派对上，如果你被扣在一个水槽里，那么你会失去尊严。（我曾经很认真地对我的客户说，在介绍由我演讲的"为了明日的创新"之前，对逝

者进行默哀是一个很糟糕的主意。)

❹ **无论多么才华横溢，请勿忘记初心。**你会弹钢琴，撞球也玩得很棒，你还会唱歌(大多数的人都认为自己会唱歌，但是事实正好相反)，可以把气球扎成动物形状，所有这一切都没有错，但是这与演讲没有关系。你做演讲的目的不是炫耀你的能力或者放映假期幻灯片，而是为了改善听众的境况和实现买家的目标。(我遇到过一位女士，她的行为着实让我大吃一惊。她在向台下的听众宣布完刚刚获得的几个奖项后，站在台上等着台下迟来的掌声，然后表现出好像很吃惊的样子。)

❺ **关心、了解并愿意改变周围的环境。**在接下来的部分，我们要讨论一些不同的场景。我们需要先了解这些场景，这样你才能判断你要做的事情是否合理。一旦离开了所在的场景，一切都无从谈起。

> 你不是一个"雇佣工"，而是专业的演讲师，你比客户更了解演讲，就像医生比病人更了解药一样。

多样的演讲场景

我在本书所说的"演讲"包含下面提到的任何一种演讲。

❶ **专题演讲。**专题其实就是一场大会或者会议的主旨，也可能是全体大会的开场部分。如果有人说"我来发表结尾演讲"或者"我是四大主讲人之一"，那么这个人大概了解什么是专题演讲。

❷ **全体大会。**全体大会将邀请所有与会人员参加，可能是一场，也可能是多场会议。专题演讲通常就是一场全体大会。全体大会为时 20～90 分钟，但常规是 60 分钟。

❸ **同期会议。**同期会议就是同时进行几个时间较长的会议。参

加会议的人会按照需求被安排到相应的会议。一般情况下，参加者可以选择自己想参加的会议。这些会议为时 1～3 小时，大部分是 90 分钟。

❹ **工作坊和研讨会**。这些会议一般需要一天或者几天的时间。其可能是内部组织的会议，或者受邀请参加的公共会议，多以技术传授、操作联系和应用为主题。

一般来说，当你为大客户演讲时，你交付的是内部演讲，但是当你在公开会议上做演讲时，你就是自主推销，并向每个参加会议的人收费。(在这种情况上，你如同契约奴隶般被大型演讲培训机构转包出去。顺便提一下，有人给的报酬是每天 300 美元。)

下面是演讲师可能充当的几个不同的角色。

❶ **餐后演讲师**。餐后演讲师是在一个由十几人到上千人参加的活动上发表讲话并结束晚宴活动的人。这是最难的演讲之一，因为通常，听众或者刚从酒吧出来，或者刚赴完一个丰盛的红酒晚宴，或者刚参加完颁奖晚会。人在酒足饭饱后，演讲中会不时地听见企业管理者喧闹的嬉戏和嘤嘤的交谈声。这种演讲不适合信心和经验不足或者脸皮薄的演讲师。

❷ **幽默家**。这些人可以如期出现在任何地方将内容"点亮"(如果他们足够优秀)或者把事情搞砸(如果他们不够优秀)。他们经常把主办方或者赞助商的信息融入他们的幽默中。(再强调一遍，虽然在报酬合适的情况下，像杰·雷诺或杰里·菲尔德这样的名人也会做这样的事，但我们不是指他们。)

❸ **人物记述者**。他们把自己装扮成本·富兰克林、阿尔伯特·爱因斯坦、玛丽莲·梦露、亚伯拉罕·林肯和佐罗，用人物的造型来娱乐听众，传达他们对个人和专业发展方面的一些中肯的观点。他们经常会对主题人物的著名演讲或者角色做一些解释。这些精心设计的新奇行为，经常在学校和商业场景中取得成功。

❹ **促进者**。促进者起促进的作用，也就是说他们应该让团队更

好地进行交流、更迅速地解决问题,并用合作和建设性的方式来解决难题。最好的促进者会让团队完成大部分的演讲,但是他们也会经常被要求做总结发言、演示当下、描述障碍和引发讨论。

❺ **主持人**。主持人一般是研讨小组的主持人。他们会对主题和程序进行简单的解释,介绍小组成员,处理被提出的问题,并保证会议有序进行。

> 你可以列举很多类似的角色,但是在职业演讲师中,大部分"非名人"是靠当教练来赚取收入的。

我的列表上没有列举"全职"或"兼职"这样的词,因为这些词在职业演讲中没有意义,尽管这样,还是有很多人在这些字眼上纠结。去年我只做了 50 场演讲,你能说我是兼职演讲师吗?每天做一次演讲才能是全职演讲师吗?演讲不是你要做的全部,特别是在你获得成功以后。你可能会做一些咨询,或者当教练,也有可能会创造或者销售一些产品,并寻找一切增加收入的辅助来源。这与全职、兼职无关,与能否还得上贷款有关。

最后我发现了三种类型的演讲师,如表 1.1 所示。

表 1.1 三种类型的演讲师

	演讲师中心型	听众中心型	买家中心型
● 着重点	怎样才能使演讲愉快地进行	怎样才能取悦听众	怎样能够实现买家的目标
● 风险谈话	没有——看上去一直很好看	有点儿,但是要迎合大部分人的喜好	一直都有——煽情
● 幽默	获得笑声	让听众站在你这边	表明观点
● 故事和轶事	个人和自我激励	为了创造共性	为了表明观点
● 演讲风格	言不由衷的真诚	刻意安排	自然且又灵活
● 对中断演讲的反应	人身侮辱	把影响减到最低	接受并解决
● 对问题的反应	列举个人例子	需要找例子	把所有例子组合起来

(续表)

	演讲师中心型	听众中心型	买家中心型
● 自我披露*	太多且不切题	与听众有关	与买家的目标有关
● 成功的程度	长时间起立鼓掌	满意的评价表	被买家再次雇用
● 总体举止	控制，引人注目	虚伪地参与	目标行为
● 长期存在的、最积极的效果	有趣的人	优秀的主持人	"我们开始做"

* 自我披露，这是一个被过度使用的术语，一般指自己在舞台透漏私事，它有时候和同样神秘的真实性或冗余的自我真实连用。在这里是为了说明应该把多少个人感受和生活体验加入演讲中。

听众只知道他们想要什么，却很少知道他们需要什么。也许买家应该知道听众的需求，如果他们不知道，那么你要做的工作就是给买家提供更多有价值的信息，帮助他们发现听众的需求。以听众为中心的演讲师，往往备受欢迎，有时候这样就很好了。

演讲业的奇特之处

大部分大学教授的课程都很无聊，这是一种奇怪的现象。出现这一现象的原因是他们在完成任务，完成上课或传授这样的任务来换取报酬（现在还是）。如果我们把教育定义为传授知识，那么他们当中很少有人能够真正做到，因为几乎没有多少知识能够被有效地传递出去，考试结束后能够被记住的知识点少之又少，更不用说使用知识了。

大部分演讲师用同样的方式进入这一行业。他们认为做演讲的目的就是拿到报酬。事实就是这样，这是大部分演讲师在和买家交流时所传达出的意思，也是他们中大部分人在收费项里提到的内容。演讲已经变为一种商品，演讲机构（和演讲师）用小时数或者天数来计算演讲的费用，这差不多等同于以小时计费做心脏手术的医生，和以建筑物的面积来计费的建筑师。优秀的管道工也是以小时计费的，但是对我来说，保证我的演讲管道滴水不漏是一件很难的事情。

演讲是一种通过提供改善买家目标的方法来换取报酬的行业。那么在深入了解后面的内容和演讲行业特有的技巧之前，我们来给演讲创建一些定义和规则。

买家是签支票或者授权他人签支票的人。虽然会议策划人和演讲机构的合作很愉快，但是买家很少是会议策划人。会议策划人和演讲机构之间的良好合作是这一体系的弱点之一。虽然买家可能会是在大大小小的公司中组织顶级会议的人，但他们不一定是 CEO。我在通用做演讲时，雇用我的人不是杰克·韦尔奇，而是在其职位之下第五层级的员工，他们有权利做出决定和削减预算。买家必定是负责使其目标得到提升、对结果负责的人。

不管你是在争取一个客户，还是在履行一份合约，一定要锁定买家。如果你做得到，那么你可以把你的付出和买家想要的商业成果相连接，这样不仅增加了你得到这项工作的概率，还拥有了获得更高报酬的能力。

> 越是聚焦目标和结果，你的价值就越高；越是强调事件和任务，你就越脆弱。客户可以很轻松地把一个小时的"谈话"用另外一个替换掉，但是很少有客户愿意简单地把"使快速完成销售的能力"或"使减少工作失误的改进"替换掉。

目标就是通过你的参与而得以实现的结果。做专题演讲和餐后演讲，帮团队加速突破和组织两场并行会议等都不是结果，它们是任务，因此也是商品，所以往往受制于残酷的竞标。你经常从会议策划人那里听到："我们为这一职位支付 5 000 美元，你能为我们找到谁？"这种说法极为荒谬。正确的说法应该是："这是我们想达到的目的。请告诉我们不同的解决方案能够提供怎样的价值，以利于我们做出正确的 ROI(投资回报)决策。"

仔细听好，帮助发现、了解和说明买家目标，会极大地增加你所做出的贡献的价值，这也解释了坚持与买家进行讨论和向买家直接提出建议的原因。只有买家有权利和能力根据回报来安排投资。(会议策划人只有安排和控制预算的权利,他们每天做的工作是为了省钱而牺牲品质。)咨询师们所说的"过程咨询"的一个重要方面是:协作和诊断的方法本身就极具价值。很多买家告诉我他们不能确定目的能否被正式、明确地提出。"好吧!"我回答道:"现在找出来也有用,这样你们就有了衡量标准。"这样做了以后,想不做这单都难。

有你参与的过程要比你实际站在台上的时间更有价值。心脏外科医生有这般价值的原因不是拿掉病灶部位所需要花费的时间,而是在于20年的实践、坚持不懈的学习、实验和高超的判断力,这一切使得医生可以在几个小时的时间里进行如此精细的手术。医生们不是通过血管得到报酬,你也不应该通过修饰词获得报酬。

所有背后的过程包括:

- ▶ 和客户进行初步会谈,确定想要的结果和得到这些结果需要做的工作;
- ▶ 经常与意向听众沟通,确定他们的观点和挑战点,开发一些典型案例;
- ▶ 了解行业的宏观情况、竞争和场景中的客户角色;
- ▶ 设计一场真实的演讲,其中包含你提出的50%的观点,25%的以客户为中心的教材,25%的听众练习、互动、新内容等;
- ▶ 和客户讨论你的演讲,和日程表中与你的演讲前后衔接的演讲师做协调;①
- ▶ 准备可视教材、文字资料或表演辅助;
- ▶ 练习;
- ▶ 实际发表演讲;
- ▶ 对客户进行演讲后追踪调查,确定还要准备哪些材料(例如再做一份上述的可视教材副本),反应如何,目标实现程度等。

---

①每当我要求给听众和其他演讲师打电话、调整和选定主旨时,都会给客户留下很深的印象。这样我就可以报出高一些的价格,因为买家已经看到了额外的价值。还有另外一个实际的原因:在同听众进行交流时,我了解到某个演讲师在两天前的会议上做的演讲涵盖了我的90分钟演讲中1/3的内容,我马上进行即兴创作,并下定决心不能再"视而不见"。

如果你强调过程或者其他内容，客户可以理解你为实现其目标做的全部贡献。如果你强调的是你在台上的60分钟、90分钟，或者一整天时间，那么买家认为报酬是付给这段相当短暂的时间的。你有教育客户的能力，除非你没有和客户交谈，或者你没有认识到自己在过程中的价值。

总结

职业演讲是用语言来实现买家目标的职业。一场成功的演讲的结果应该是买家对你的演讲非常满意，并且愿意把你推荐给其他人，他的推荐是对你演讲技能的肯定。你以结果为中心，理解过程的价值，并将其在讲台上发挥到极致，你需要和买家打交道，他们的投入建立在演讲表达出来的价值之上，而不是建立在付费的时间之上，因此你是控制和引导整个过程的人。

职业演员不是演讲师。做好充分的准备固然很重要，但是过于精细的程序编排让听众看到的是普通的表演，而不是有趣的互动。虽然人们会选择由演员参与的编剧和演出，但是通常情况下，他们会让演讲师为他们做选择。如果你在一开始就做了全面的工作、了解听众，并且把你的价值建立在区分听众的个人和职业生活之上，那么你将被定位在收获巨额回报的位置上。收入的提高、销量的增长和赞美之词都是随之而来的衍生品，它们从来不是被追寻的主要目标。如果演讲师出现的主要目的是满足自己的需求，那么他们会像火腿三明治里的火腿一样平淡无奇。

我们已经对职业演讲师的工作和演讲的目的有了大概的认识，那么让我们看一看怎样选择市场以及为什么演讲师会毫无理由地排斥一些观点，而不是阐述这些观点。

第 2 章

建立自己的市场

> 你想听谁的演讲?

演讲和倾听有关,如果没有听众,还能称之为演讲吗?

如果你在只有服务员的空礼堂做演讲(或者对着一屋子昏昏欲睡或发短信的人演讲),这是演讲吗?

确定下面两个因素是很重要的:

▶ 你的听众是谁?你想改进哪些人的行为和举止?

▶ 谁是你的买家?在这些听众的面前,你能改善哪些人的境况?

请注意:所有这一切都与你无关,而与听众和买家有关。如果他们的境况没有得到改善,不管你讲了多少故事,得到多少掌声,体验了多少"美好的共鸣",你都没有成功。

● 创造价值主张

价值主张是你营销之箭上的尖点,它提供动力。它不是"电梯演讲或者推销广告"①,其应以个人和成功为聚焦点。

---

① 这是最常被引用的例子,也是最愚蠢的花招之一。所有在电梯里向我做推销的人都会在下一层被我赶出电梯。

它有以下几个特征：
- 简洁；
- 以产出为导向，而不是以方法论为导向；
- 范围广泛，包含所有买家；
- 简洁（重要事情说三遍）。

下面是一些好的和糟糕的价值主张的例子。
- 糟糕的：我有个六步销售方案要教给听众。
  好的：我用更少的投入，显著减少销售闭环的时间。
- 糟糕的：我令整场会议充满幽默与欢乐。
  好的：我能够释放压力，从而创造良好的学习氛围。
- 糟糕的：我改进了战略退避。
  好的：我帮助管理层选择最佳的目标，并建立岗位职责以保证实现这些目标。

你的价值取决于结果，而非投入，它与由你引发的新的行动和行为，以及其为买家创造的改善条件有关。（每个职业/或团体目标的背后都有个人目标，只有实现个人目标，团体目标才能实现。）

你的价值主张可能既单一又普通，我的价值主张是"我改善个人和团体的业绩"，这个提议相当宽泛，对吧？但是如果有人问（经常有人这么问）："这是什么意思？"或者："你是怎样做到的？"我会回答："我觉得这个问题有些模糊，你为什么不举例说呢？你最想提高哪个事业领域的业绩？如果你能这样做，我会告诉你我是如何通过演讲（或者工作坊和活动）来提升业绩的。"

不要辩解或者解释，让买家去判断。下面我们来聊聊，我该如何帮助你。

> 如果你有能够吸引经济型买家的价值主张，那么你已经在引导这个游戏了，这是市场营销的重点。

先来介绍一些概念。

❶ **经济型买家**。他们是签支票或者用电脑签支票的人。在小企

业里，这类买家通常是企业创始人；在大公司，买家通常是负责R&L(利润和损失)的人，小组或者部门负责人等；在《财富》1 000强公司里，有几十个甚至几百个经济型买家；在贸易协会里，经济型买家通常是执行总监，有时是项目主管或教育主管。

❷ **可行性买家。**他们是做出财务、文化、技术、信任、规划等领域的购买决策的人，他们可以说不，但是不能说可以。他们常常是横路中间的障碍，像看门人，你必须绕过或说服他们。99%的从事人力资源和培训的人是可行性买家。

❸ **会议和项目买家。**从表面上看，这些人负责立项和运营，但这不是他们的项目，他们是真正的经济型买家的下属和组织者。他们总是会问："这是谁的活动？""谁发起的这次活动？"虽然像美国演讲师协会这样的业内组织高度评价活动策划人和演讲机构，但是这些人是靠节约预算收费的，而不是靠获得结果收费的。他们还会继续问："如果报酬低一点你能做吗？""你能做几次演讲只收一次费用吗？""你能擦玻璃吗？"他们是在浪费你的时间[①]。

❹ **演讲师机构。**他们是和中间人打交道的中间人。(请谅解其中的性别差异，"中间人"听上去像是居住在中土世界的霍比特人。)他们和活动策划人合作，拿走你报酬的25%～35%，但是他们几乎没有真正地给你做过营销。在过去的10年里由于经营惨淡，他们开始向演讲师收费，而不是客户(针对视频演示、目录内容、"案例"、特殊邮件等服务收费)。机构吃肉，你喝汤，演讲机构不应该成为营销重点。在这本书后面的内容里，我会向你介绍我怎样把演讲变为过程，怎样让你的报酬翻四番，到那时你会知道为什么演讲机构像是如饕餮般可怕的怪兽。

---

① 几年前，我在《国际会议策划》的年会上做过一次专题演讲，还给董事会广告执行官做过特别演讲。当时一半的董事都在待业。会议策划者是最先经历经济危机的人。

价值主张、听众、真正的买家都有了，现在的问题是我们怎样接近他们。

把假人从封面上去掉

几年前，我在亚利桑那州坦佩市一个由美国讲师协会赞助的"营销实验室"做过演讲。听众由专业演讲师组成，他们希望在扩大自身影响力的同时相应地增加业务量。我提出了一个请求，即让不同的买家与他们联系，一个我称之为"让买家去下单"的概念。例如，从实践出发，如果买家不知道怎样联系你，就不能从你那里下单；从概念上来讲，如果你的演讲没有涵盖特定的主题，你不了解这个行业或者没有经验等，买家也不会买单。

演讲师对"去营销"的解读令人震惊。他们会把图片贴满材料，但是这样做无法营造出更多的影响力或感染力。你见过多少企业买家在名片背面贴着他们的照片或者印着鸡血文字？没有多少。[1]

演讲结束时，一位听众问我是否能给他的宣传材料提点建议。他告诉我他不想像晚餐后出现的娱乐演员那样引起听众的兴致，而是想成为类似商务会议上的主题发言人或者活动发言人这样的变革推动者。他的提议是，他的娱乐活动只是用来传达管理提升技巧的工具，以及他不负责搞笑，这相当合理。

他把手册递给我，纸很贵。封面是他坐在椅子上的照片，他的大腿上放了一个很大的假人，看来他的娱乐活动是口技。（我想在这个行业里这叫"木偶"，特里·法特用这些木偶赚了很多钱，但是没有人称其为职业演讲师。）

---

[1] 我们应该对演讲师赠送或者出售的小饰品和辅助性小玩意做一个调查。这些饰品和小玩意都是一些智慧卡片、车位贴、书签、自己出版的无用书、开罐器、镇纸、挂饰和某些酒吧的会员卡（例如国际思想家比赛协会）。如果它们能用来增加报酬，而不是招致肤浅的垃圾收集者，那么整个演讲业的税收就会提高。

他是一个有天赋的人，也是一个容易失去买家的人。

"去掉假人。"我建议。

"您的意思是把这个封面上的东西挪到内页吗？"他小心地问。

"不，完全去掉。只要它存在，你就像个口技演员。你要做更多的工作才能说服你的买家相信你有能力发表关于变革的演讲，你是很有价值的。停止谈论你的'演技'，这对买家毫无吸引力。

> 你的材料反映出你怎样看待自己。如果买家不了解你的其他方面，他或者她只能接受这种形象的你。

他接受了我的建议，并对我万分感激。不管我们是新人，还是讲台上的资深人士，都过于关注自己的"表演"。我们由内而外地看自己，而买家只能从外向里地看我们。坏消息是，我们对自己的认知和潜在买家对我们的认知总是不一样的。朗费罗指出："我们根据自己能做的事情对自己做出判断，而别人根据我们已经做过的事情对我们做出评价。"好消息是，如果我们采取客观的姿态，就可以掌控这个过程。

下面我们要讲的是用符合逻辑的、简单的方法来选择你的市场范围。请注意我说的不是你的"市场"。我建议你尽量"广撒网"。经验和环境会按照需求自动缩小这张网，但是筛选过程经常会慢慢模糊它的边缘，而不会像用锋利的刀子把蛋糕分成8片那么简单。这些方法对初学者和资深人士同样适用。（实际上，那些在这行有几年成功经验的人发现他们有意无意地限制了自身的发展。）

遗憾的是，演讲教练的数量要多于优秀的演讲师。由于他们不是专业的演讲师，他们当中大部分人只能提供理论，而非实战经验。

你应该避开的例子有以下几种。

❶ **要么专业化，要么消逝。**为什么要把(有些)买家剔除在外呢？我们必须拓宽业务的范围，并使之繁荣。

❷ **酬劳和供需关系。**你会一年365天都工作吗？报酬和你的价值及改善客户境况的程度有关。

❸ **听众的反应是最重要的衡量标准。**不，买家的反应是唯一的

衡量标准。你在很多情况下让听众感到失败和煽动他们，而不是让听众接受你。

④ **每次演讲必须是定制的。**当演讲师被要求定制时，大多数的演讲师只是改一改主题的名字。你的主要观点可能每次都是一样的，只要换几个适配环境和听众的例子就可以了。

⑤ **必须有对演讲机构友好的教材。**绝对不是这样的。演讲机构就像银行贷款，当你需要他们的时候，你得不到他们的注意，但是当你成功的时候，他们会向你涌来。

12步拓宽市场"范围"

这里要讲一些定义你的市场范围的步骤，即怎样确定你对买家的影响。影响越广泛，受影响的买家越多，你的业务就越好。"要么专业化，要么消逝"实属无稽之谈 ①。

① **确定你对客户的价值增加了。**在你离开后，买家及目标听众的状况有何改善？工作坊、专题演讲、研讨会或者"陈述"只是一种表达工具。人们的境况如何得到真正的改善？

举例：你会更早地发现真正的买家，并且用更快的速度建立培伴关系。对你（买家）来说，这意味着花更少的时间用于纠偏。

② **确定谁有可能是你的买家。**在大公司里，买家可能是负责投入产出的人，或者是一个部门/事业部的领导。在小公司里，其可能是老板或 CEO。在一个贸易协会里，买家可能是执行总监或董事会主席。

举例：对在观点 1 中的价值主张来说，你的买家很有可能是

---

① 在我旁边的新罕布什尔的汽车牌照上（在罗得岛州）有这么一句话："要么自由地生活，要么死掉。"在这个世界上，绝对的事情太多了！我们将其改成"自由地生活或者为自由而战"如何？

负责销售和产品管理的副董事长，或者是中型企业的老板。

❸ **检查你是否应聚焦在特定市场**。因为需要照顾孩子、不愿出差或者在当地有很好的发展机会，你会选择留在某个地域；由于你的背景和对IT业、制造业或者金融服务机构比较了解，你可以选择以这些业务领域为中心。

举例：你选择以保险销售作为你的市场中心，因为保险业是你职业生涯的开始，你在这个行业有社会关系，或者保险公司总部离你的住处很近。

❹ **开始一系列的工作**。客户一般会被专业知识所吸引。你可以开始写作，演讲，建立社交网络，创建博客、播客和召开电话会议等活动，不断积累案例。

举例：对你销售的保险服务和产品做一份免费的电子简报，如《保险保障》。①

❺ **给你认识的所有人打电话**。一旦开始造势，你就要联系你能联系到的所有人：家人、朋友、同行同事、供应商、合作方、老客户和社区里的认识的人等，并向他们解释你提供的价值，问他们，或他们认识的人是否能有需求。

举例：给所有那些你做过推荐的人发邮件：医生、牙科医生、设计师以及会计，这样一来，他们在适当的时候可以投桃报李。

❻ **确保自己可以被联系到**。让人们能轻易找到你并谈业务，如：配置录音电话和记录设备；可以接收到邮件；邮件信纸里使用全名签字，包括你的地址。（不要担心暴露隐私，如果有人想跟踪或者杀害你，他们根本不需要知道你的邮箱地址。）

举例：3个小时内回复完所有的电话，1天之内回复完所有的邮件。迅速响应是新业务的催化剂。

---

① 这是我帮助斯哥特·西蒙斯开发缅因州的业务时的标题。人们抱怨"简报"太多了。简报是太多了，那是因为人们喜欢读简报。

❼ **注意你的语言**。用买家听得懂的注重结果和目的的语言(见表2.1)。

表2.1 把演讲师的说法改成买家的说法

演讲师的说法	买家的说法
进行销售培训	改善销售失败率
进行专题演讲	创造听与学的需求
晚餐后进行娱乐	减轻白天的压力,增进友情
探讨怎样减小压力	改进生产能力
传达希望的讯息	让人们解决自己的问题
进行励志谈话	激励参加者超越更高的目标
介绍时间管理的技巧	改进生产能力
介绍提高工作质量的方法	减少损害利润的工作错误
灌输客户服务态度	提高客户保有率,减少客户流失
介绍我与疾病的斗争	提供更多的解决个人不幸的方法
提供投资建议	金融安全最大化
传授与人交往的技巧	减少工作中的冲突

❽ **了解目前和将来的"热点"**。你认为市场和买家当下和短期的最大需求是什么?你怎样才能满足这些需求?怎样超出预期(一般价值的)和找到更好的解决方法(巨大价值的)?
举例:高管层如何出色地组织、激励、监管和奖励平日甚少见面的全球销售人员,以及在家办公的电话销售员?

❾ **通过朋友转介绍**。"陌生电话销售"在这个行业不太管用(你会从晚上8:30给你家里打电话的销售那里购买证券投资基金吗?)但是,找到认识客户的人是很有用的。要建立并珍惜可以提供信息来源的社交网络。
举例:如果在你的俱乐部、教堂或者足球联盟,有人被你的计划吸引,记得问他是否愿意将你介绍给他认识的……

❿ **计划成功,而非失败**。在这个行业中,有太多的人害怕失败,

却从未制订如何获得成功的计划。眼光放长，深挖这个行业的潜力吧。

举例：
- 维持你的议价能力；
- 丰富的客户储备（拥有很多网站的企业）；
- 由潜在买家组成的高水平听众（行业协会）；
- 全球视野（全球公司）①；
- 接触你没有开发过的城市（旅游很受欢迎）；
- 购买额外产品和服务（书籍、咨询）的能力；
- 超预期的潜力；
- 顺势而为。

⑪ **强调过程，而不是内容**。过程（比方说决策制订、冲突解决、销售技巧和影响力等）可以跨行业、跨市场应用。这种定位，要比狭义定位好得多，如"公立医院里的医患关系"等属于狭义定位。

举例： 掌握内容很难，但是掌握过程比较容易。我给国家渔业协会、国家牲畜屠宰协会、美国放射协会、惠普和美国银行就领导力和战略做过演讲，在这些演讲中我只修改了一些案例。

⑫ **勇往直前**。有些人永远要按照计划做事，而另外一些人则选择走出去，尝试，失败，学习感悟，然后在第二次、第三次尝试后获得成功。先找一些容易的买家（小型协会，中型企业）进行尝试。这是你努力的方法。

举例： 把这些写在日历上，一点点地进行尝试。通过这些，你会发现你的擅长之处和需要改进的地方。

在一部老的电视喜剧节目《干杯》中，一个名叫科奇的酒吧侍者曾告诉他的领导戴安，他在一本书上花费了6个月。戴安吃惊地说："我

---

① 这种做法越来越受欢迎和喜爱，参考我对这一主题写的书（和奥玛·汗共同创作）《全球资讯》（于2009年由新泽西州霍博肯市的威利出版社出版）

竟不知你是一位作家"。

"作家？"科奇说，"我是说我在试着读这本书。"

读一本书(或者写一本书)不需要6个月的时间。实际上，即便是经验丰富的人，也会犯拖延症。今天就开始吧，没人能阻挡。

真实、虚拟、模拟市场的检验方法

演讲成功需要具备三个要素(见图2.1)：
- 可发现的、有创造性的、符合预期的市场需求；
- 满足这一需求的能力；
- 激情。

如果有需求和热情，但没有能力，那么工作会被别人得到；如果有能力、有激情但没有需求，那么你有的是无人想听的信息；如果有需求、有能力但没有激情，那么这就是我所说的朝九晚五的工作。

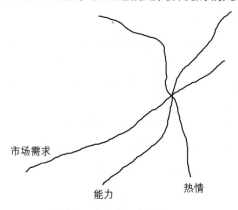

图2.1 成功的三个要素

有一种需求是前置的，比如团队合作、策略、销售和客户服务等；另一种需求是你创造的，借助互联网创造电子商务；还有一种你期盼得到的需求，它被用来管理世界各地素未谋面的员工。(没有人告诉索尼的盛田昭夫，人们需要一种挂在腰间并通过耳机播放音乐的设备，但是随身听是一个巨大的成功，它也是 iPhone 的鼻祖。)

能力可以让你不断地提升自我和创造知识财产，让你解决客户出现的问题，亦能让你的表现更上一层楼。

激情能推动你乐观上进，因为你深信你有能力帮助听众和买家。当然，你也因为这项工作经常受到排斥。

如果你能够适当地应用并正确定位这三个因素，那么你可以满足下列市场的需求：

- ▶ 大型公司
- ▶ 小企业
- ▶ 教育机构
- ▶ 非营利性机构
- ▶ 政府机关
- ▶ 自助组织
- ▶ 慈善机构
- ▶ 公共服务公司
- ▶ 董事会

如果你的专业体现在策略或团队建设的过程，那么通常情况下你可以满足非常多的市场需求，因为你只需要调整内容。如果你的专业知识是和种玉米或者进行人口普查相类似的内容，那么你的市场只能局限于相关人士。

当然，在很多情况下，若你能同时驾驭过程和内容，你的内容知识(例如，和健康产业有关的知识)和过程经验(例如，补偿实践)越广泛，创造的结果就越好(士气高涨，收获颇丰)。

内容知识 ×	过程技能 =	结果
汽车	决策制订	利润
化学物质	问题解决	生产能力
保险	谈判	士气
银行	面试	安全感
电子产品	教练	形象

第 2 章　建立自己的市场

> 如果非要提前准备，至少要对自己有用。学会用客户的语言做演讲，但是不要试图了解客户的业务。学习以过程需求为中心，而不以内容细节为中心。如果你告诉我哪个公司不需要更好的沟通技巧、团队协作和提高利润，那么我告诉你这只是冠冕堂皇的幌子。

检验真实市场和虚拟市场的方法有以下几种。[①]

- ▶ 这个市场上已经有人了吗？（这说明存在价值和付费能力——竞争扩大市场）
- ▶ 有压倒多数的共性需求吗？
- ▶ 能找到或接近买家吗？
- ▶ 问题可以补救或改进吗？
- ▶ 你有知识财产、方法论和针对性解决办法吗？
- ▶ 有稳定的业务吗？（市场足够大吗？）
- ▶ 人们愿意付费吗？你带来的改进可视吗？
- ▶ 利益是真实的并一致的吗？（在我们减掉一半员工的时候，需要你来提高士气。）
- ▶ 如果解决方案得当，演讲或者培训就是有效的干预吗？

我曾经让演讲师说服我相信（因为他们已经自我催眠了）他们能从给大学生、高中生、公会工人、律师、牙医和主题公园经营者等群体做的演讲中赚到钱。我只列举这几个例子，因为这些市场都是一些比较棘手的。

事实上，目前存在两个同样不正常的极端：一个极端是，值得你讨论但不是其他人需要的东西；另外一个极端是，和人们谈论对他们有用但是他们自认为不需要的东西。

[①] 这是我给市场下的学术定义，但是这个定义被人为地植入演讲师的大脑，以此来证明主题演讲对演讲师很重要，而不是对其他人很重要。例如，你打算给无家可归的人就找工作这一主题做一次演讲，那么现在的问题是谁来组织？在哪里进行？谁来付钱？

整理你的路径：最简单的路线通常最佳

早在14世纪，奥卡姆·威廉姆就明确指出："不管你的目标是什么，最简单的路线通常就是最好的。"你想要接触真正的付费客户，或让他们找到你，而且我们已经架设好了实现上述目的途径，那么现在的问题是，哪一条是最简单的途径？

首先，开始演讲。不管在哪里演讲，都要理智地接受演讲任务，例如在扶轮社演讲，帮助你的小联盟会委员会的主管开会，主持镇民大会的小组会议，在社区大学里担任嘉宾指导员。不要舍近求远，请直奔目标而去。

这种演讲具有相当多的有益效果：

- 你可以通过练习磨炼技巧；
- 你可以尝试使用新的素材；
- 你可以向他人寻求反馈；
- 你可以记录过程[1]；
- 你可以和现场的潜在买家和推荐人建立联系；
- 你可以拿到推荐信[2]；
- 你可以得到参与者的推荐；
- 你可以发表关于仪表的通讯稿；
- 你可能被采访或者给这些组织的实时通讯写文章；
- 你可以邀请潜在买家与你见面；
- 你可以提供与你的网址、博客和已发布产品等有关的宣传资料；
- 你可以得到别人对你的主题和方法的肯定和喜爱；
- 你可以在事前或者事后建立人际关系网。

走出去，在聪明人聚集的地方做演讲，即使你一分钱也得不到，

---

[1] 这可以让你调整个人发展规划，还能创造"演示"音频和视频以及未来的产品等。

[2] 听过你演讲的人寄给你（可能是按照你的要求）一封来自ACME银行的推荐信，并且还是带有ACME银行抬头的推荐信。

其对营销的益处也是显而易见的，我想这些你一定能明白。

> 在你周围到处都有演讲的机会，只要细心观察就能发现。

我的狗，科法斯（是用美国历史上最有名的橄榄球投手的名字命名的，它在美国育犬协会里注册的全名是：艾比斯球场的山迪·范·科法斯）是一只德国牧羊犬，总的来说它是一只具有洞察力的狗，它只要跑到院子里四处张望一番，就能马上发现发生了什么事情。它的搭档是一只巴蒂猎犬，嗅觉灵敏，总是喜欢冲进后院把鼻子贴在地面上。它们会根据先前的观察，结合发现的线索和信息判断出发生的事情。

你需要这样的额外感知来补充你的感知。我不是建议你用狗来寻找演讲机会，而是建议让你的朋友知道你正在寻求机会。你可以参观一个大型的宾馆，和在那里主持会议的人见面，你也可以在报纸上查找会议清单。如果你所在的城镇有会议办事处，那么让工作人员知道你是演讲家，并让他们提供演讲主题。如果有一场会议需要临时替换演讲师（如果因为疾病或航班取消），你可能就是备用的人选（顺便说一下，报酬和你代替的演讲师一样）。

利用你的关系网、朋友和社区活动等其他相似的资源来帮你"嗅出"演讲的机会。新入行的演讲师经常会犯的一个大错就是他们总是等待一个"合适的机会"，而不是抓住每个机会。我们在前面列举了一个庞大而不需要投入一分钱的营销途径。资深演讲师经常会犯的一个大错是他们陷入过去的成功中不能自拔。虽然资深人士不应该做免费演讲（公益性服务工作除外），但是他们需要不断地寻找新的市场和机会。

不要在事业的起始阶段限定自己的市场范围，因为你需要把找到买家的机会最大化。不要随意拒绝任何真正的买家。用来描述价值的形容词越多，你的处境越糟，市场越窄。

例如，"我在降低购买成本的同时帮你加速销售闭环的时间"这句话很动人，也吸引了很多买家，但是如果你把"用电话销售，因为房地产投资领域在新英格兰"加到这句话中，那么你就把渔网变成了一根挂了饵的鱼竿。

如果你用的是我推荐的营销方法，在任何可能的地方演讲，并且在你提高演讲技能的同时允许买家和推荐者联系你，那么你要认真考虑是否要扩大机会来吸引最多的需求。

你只要在事业上获得成功，就能用悟性和经验来显著扩大你的影响力。很多资深演讲师都没能做到这一点，反而尽全力把他们已经很擅长的东西做得更好。此外，你的聚焦的范围越小，失去的东西也就越多，如：有能量的品牌（一位有名的作家和演讲师用你的主题写了一本新书）、更新的技术（人们正在下载CD，而不是购买CD，或者在你读到这里的时候他们正在做其他事情）、对主题失去兴趣（多样化）、改变观念（财务分析师的智慧）、痛苦的事件（衰退时期）和淘汰（"千年虫"）。

整理你寻找市场的方式，使其具有广泛的吸引力并且简单、明了。

总结

成功的演讲事业起源于以下几点。

首先，有价值。要以客户为中心（而不是演讲）。一旦你知晓了这一点，就会引起人们的注意，并和他们建立联系。但是你必须以真正的市场为中心，而不是你想象的或者别人在追寻的市场。（我经常想，那些最专业的协会年会的作用是让其成员聚在一起编造彼此的成就）。

其次，够简单。奥卡姆·威廉姆是对的。你的营销方式、与客户交往的方式和你的演讲方式都要简单（简单≠简化）。伟大的运动员能让最困难的位置、项目和成就看上去很普通。我们只有在尝试过之后才知道有多难（这就是为什么我还是一个糟糕的游击手）。

最后，把你的中心放在这些方面：价值（你如何改善客户的境况）、真正的付费买家（为价值付钱的人），你怎样找到这样的买家（扩大服务范围），以及他们是怎样被你吸引过来的（市场引力）。

这就是高手在这场游戏中取胜的方法。

第 3 章
定位并成为重要目标

> 告诉他们需要知道的东西而不是告诉他们你知道的所有东西。

买家被专业知识所吸引,这意味着你的聪明才智(知识资本)必须表现为使他人得以提高的实用工具(知识财产)。因此,由你创造并长期用来帮助他人的东西越多,追随你的买家就越多。如果买家认为你的知识财产很有价值,那么他们就会紧追着你不放,你也不必花费时间来建立关系,报酬也不再重要(价值是重要的)。

你注意到了吗?

长期从业让你变老,但不一定让你变好

在职业演讲师中,对个人怎样由兼职和全职获得发展存在很大的争议。事实上,在资深演讲师中存在两种备受尊崇的观点:

▶ 你不是职业演讲师,你的确没有在演讲业获得"成功",因为你没有全职从事演讲这一职业;

▶ 从业时间越长,你越成功。

和很多备受尊崇的观点一样,他们都是错误的。奥斯卡·王尔德认为,即便有人为某物而死,它也未必是正确的。

我回想起自己参加的第一个演讲师讨论会,所有"名人"都参加

了这次会议。当我想在鸡尾酒招待会上喝东西的时候，一个自视过高的人走过来并做了自我介绍。看到我的"新人"标牌，他免费告诉我如果仔细观察资深演讲师，能以顾问的身份和他们接触并对他们表示适当的尊重，某一天我可能和他们一样成功，这是命运的安排。那时候，我一年差不多能挣50万美元，并且言行举止都很得当。但是他判断的成功标准是从业时间的长短和是否有"业内"的会员资格。

我判断成功的标准是演讲是否能让那些财神客户开出支票，让我可以去银行兑换。如果同行认可是建立在成就而不是在流着口水的谄媚之上，那么它还是有点用的，但是同行认可不承担约束性义务，并且很少给买家留下印象。不要跟我谈论你获得的行业奖项和你名字后面奇怪的缩写字母，还是谈谈如何提高演讲技能吧！①

你的演讲次数不重要，因为我们做的都是兼职。如果不是为了钱，没有人每周5天、一年50周(最少)做演讲。如果一场演讲收费10 000美元，每周做1次演讲，那么你只需花费20%的时间就能挣到50万美元。这听上去可笑吗？好吧，一周赚2次5 000美元也是一样的，即使是一周赚2次1 000美元，你一年也能赚到10万美元，包括周末在内你还有3天的休息时间。(我了解推销、准备工作、建立关系网、惯例和做这些事情需要投入的时间。我会逐一进行介绍，其并不像大多数人想象的那么难。)

在我从业的大部分时间里，我一年大概做30次演讲，这是过去5年的平均数。我没有刻意地寻找演讲机会，演讲机构也很少与我预约，大多数情况下都是人们打电话找我。如果每次演讲平均收费7 000美元，则一年收入35万美元。

这里顺便提一下，我的专题演讲最低收费15 000美元。在过去的10年里，演讲收入在我的总收入中所占的比例从1/4变为1/3(咨询和指导收入占60%，出版收入占10%)。

---

① 我只在演讲行业中看到人们如此地渴望形象、信誉和认可，很多人还在自己名字后面印上他们的硕士学位，比如，简·琼斯，MA(文学硕士)。在了解真相之前，我一直认为他们当中很多人来自马萨诸塞州(马萨诸塞州缩写为MA)。

第 3 章 定位并成为重要目标

> 演讲内容的多少和时间不重要，演讲效果和如何有效地实现买家目标才重要。当然，收费也很重要。

我们会在下一章讨论收费的问题，当我们谈到"全职"这一主题时，我们需要批判一下另一种可怕的意见。有行规规定，当需求大于供给时，你可以提高收费，这和说"在看到陆地之前你必须一直游泳"大致是一个意思。需求远远大于供给。

你全年都是每周提供 5 天的演讲吗？事实上，你可以一天做 2 次演讲，甚至周末都可以做演讲。如果这样的话，也许供给是一年做 700 场演讲？供求关系是商品的量度评价标准，不是价值的评价标准。如果你提高了供给买家的价值，就必须提高收费，不管你一年做几次演讲。永远不要忘记财富是可支配时间，金钱只是燃料。很多演讲师赚钱太过努力，使他们的财富遭到破坏(他们从来不看望家人或者参加休闲活动)。

如果全职/兼职不是判断演讲成功与否的标志，这是不是就意味着某人在做另外一件工作的同时还可以从事演讲(令人毛骨悚然)？当然是的。举一个最极端的例子，假设你有一个朝九晚五每周上班 40 小时的普通工作，但是你还是找到了晚上、周末(或者假期期间)在当地做演讲的机会。如果你拿到了报酬，那么你就是职业演讲师，并且你可能对这样的安排感到非常满意。

职业化的定义不是指你的生活方式或者你选择如何消磨时光，关键是你能否从讲台工作中赚到钱。我认识一个叫作丹尼斯的牙科保健专家，她已经结婚，并且有了孩子。除了全职做牙科保健工作以外，如果日程安排允许，她还会在齿科小组、各项大会和贸易协会上做演讲。她风趣、高效并且受到高度尊重。她根据工作日程的要求和家人的需求来安排演讲。丹尼斯是一个很棒的职业演讲师、优秀的牙科保健医生、母亲和妻子……那么，你能明白我的意思吗？

很多演讲师浪费太多的时间来确定怎样脱离目前的职业和/或者减少其他的时间投入，这样能在演讲业投入更多的时间，似乎这才是他们的目的。如果演讲是你的全部想法，你会很自然地被吸引到演讲行业中。因为满足感、工作机会和全身心的投入会让这一过程自然而然地产生，但是你不能强迫其发生。

寻求其他利益和有其他事业的人（像我一样另外还做顾问；和丹尼斯一样，是演讲师，也是牙科保健专家）也是演讲师。他们不是职业演讲师们可怜的表亲，他们是职业演讲师，和那些每天做演讲和花费95%时间出差演讲的人一样。

鱼会游泳，演讲师就会做演讲。没人用"我发现你现在没有在游动，所以现在我们不能把你当作一条鱼"这样的话对一条静止不动的鱼提出质疑。

不要畏惧演讲业的规模和范围。在那些被演讲机构接受的人里，有的有关系，有的只能在行业大会上看到。但是我见过的很多新人比那些不努力实现客户商业目标的资深人士要好得多，后者引以为荣的是知名度和老套的"动作"。

每年都要开几次会议的贸易协会、工会、职业团体和技术团体大约有10 000家，他们当中有的一年要开十几次会。如果我们把全国的120 000次活动和他们的会议加起来，即使去掉不需要外部资源的会议，我们可以切合实际地认为每年有100 000多场会议需要职业演讲师。（如果全国40个州每周有2 000场会议，或者每天每个州有8场演讲，那么仅在纽约市，每天就有几百场演讲。）

会议"业"需要新人才。没有一个在会议上投资的管理人想介绍"老生常谈"的内容。不要错误地认为你必须通过漫长的实习和小心的上位才能得到荣誉奖章。不管做什么事情，都要讲究方式和方法。

对演员来说，最糟糕的命运之一就是长期扮演同一个角色，这意味人们可以肯定地认为这个演员只能扮演他或者她之前扮演的角色。这就是职业限制。有些演员能逃过这种命运。汤姆·汉克斯在空洞的情景喜剧中一举成名后饰演了不同的成功角色，但雪莉·郎恩在《喝彩》（Cheers）上映后，职业发展很是惨淡。《女高音》上映后，评奖团还是不看好詹姆斯·甘多费尼。在这一行业里，资深人士经常掉进一个本可以建立一个有利可图的市场但最终沦为其牺牲品的成功陷阱里。演讲师不应该被模式化。如果你对这个行业还比较陌生，那么你有压力小和多方面发展的优势。

抛开我们一开始讲的两种备受尊崇的观点吧！一年能做几次演讲和从事演讲时间的长短都不重要，重要的是买家雇用了你，而且你实现了他们的目标，并且得到了应得的报酬。成功程度和报酬的金额取决于你。但是，我讲的只是兼职演讲师的情况。

把知识资本转化为知识财产

如果演讲师是因为他们的专业知识而受到追捧的，那么让大家了解你的专业知识就相当重要了。也就是说，没有人真正了解你的想法，通常包括你自己。

就像我们(错误地)期待买家会和了解我们的客户一样欣赏我们的能力、才智和演讲才能。我们经常想当然地认为，不管怎样，我们未来的买家总会奇迹般地马上感觉到我们所有不同于其他人的优点和长处。

但是，这种情况从未发生过。因此你必须把你想的东西转化成能在桌子上看到的东西。(如果你没有太多的想法，那么目前为止在你在这本书里什么都没有学到。)

知识财产是和传送装置一样的营销工具。下面我们列举几个例子，从可笑的到值得尊敬的：

书籍	小册子	说明书
电话会议	播客	视频片段
聊天室	手册	内情通报
交谈	视觉教具	文字资料
讲习班	网站	博客
文章	时事通讯	参考资料
下载资料	CD	DVD

你要知道，你说的、描述的、解释和阐述的东西是对你知识财产的有形的表达方式。改进和扩展这些表达方式从来不会太早或者太晚。你可以用我们在本书后面讨论的商标、服务标志、注册或者版权来保护它们，并且你能发现我的知识财产可以用我列出的每一种媒介来表现。

> 永远不要害怕传播你的知识财产，即使有被偷走的风险，也好过无话可说。

一直以来，不断有人问我为什么用这么多的形式来创作这么多可以轻易得到的知识资本，原因有三个：

- 我想通过挑衅、新观念甚至争议等方式作为他人的重要目标出现；
- 任何形式的知识财产都是有魅力的、见多识广的、相互影响的、面向大众的演讲师的标志；
- 我要创造零障碍进入，这就意味着必须要有低廉的和易接近的途径，人们才能和我接触。（我将会在以后的内容里介绍加速曲线图。）

要想创造上述列表上的知识财产，必须按照下面的顺序操作：

- 我怎样才能帮助人们有所提高（他们的表现、自身价值、生产力、领导能力、战略、团队协作等）？
- 为了实现上述目标，我提供或者能提供什么样的想法（例子、方式、技巧、方法）？
- 什么方式能最好地表达这些想法（书面的、音频的、视频的、实验的、周期的、相互作用的）？
- 这些方式被最好地用到推销或者传送之中了吗？或者在推销和传送中都用到了吗？

我们来看一个例子，比如你利用利益冲突把一个委员会组织改组为一个"共同输赢"和真正自主的小组，以此方式来改进团队协作。

我们认为，你可以为贸易出版社就真正的团队和委员会之间的区别写一篇文章，可以以推销为目的来创造一个清单，对你所在的组织机构进行审查，可以做一场强调差异和为什么差异对业绩至关重要的专题演讲，你还可以设计一个讲习班来传授技巧。

瞧，现在你有两种免费的推销设备和两种高利润的传送装置，事情就是这么简单。

给你一些警告：确定你只是使用自己的知识财产，并且你"借用"的任何东西都有使用许可并恰当地表明它的出处。不管是从道德角度还是实用的角度上来讲，这些都很重要：很多演讲师使用间接资源（其他演讲师），还以明显错误的信息为中心。例如，雪佛兰诺瓦（Chevrolet Nova）不在墨西哥销售是因为"no va"（诺瓦）在西班牙语里是"不动"的意思。想要了解更多的此类城市神话，请浏览snoops.com。还有很多同样的故事到处传播，例如，"我在迪士尼乐园看巡回游行表演的时候……"或者"一个男孩在沙滩上发现了一个沙海胆……"

我必须指出，你写的所有东西自然都会以你的名义获得版权。你会和我们大部分人一样会加上"@ ALAN WEISS 2010"或者"版权归艾伦·韦斯所有"。和我们创造的所有作品相比，到专利和版权专员那里进行备案登记很枯燥，需要这样做的唯一理由是在你想起诉某人侵权时，如果你没有备案登记，你将无法得到赔偿。我从来没有碰到过这种麻烦，如果你碰到过这样的问题，请与你的商标和版权律师谈谈你能得到的最大利益是多少。

一个商标(TM)和服务标志(SM)指的是对词组、例子、资料和技术等进行的保护。注册商标(R)如果没有异议，其会在 6～12 个月内完成。在给你的作品标注商标时，不要为了省钱使用网络软件。雇用专门从事这一领域的律师，而不是你叔叔的堂兄路易，费用一般不会超过 1 000 美元。（如果你对法律一无所知，那么你连一本书的标题都保护不了。）

自己要创造和保护你的知识财产，没有人会为你做这些。

制造病毒营销

当下，正是病毒营销（让营销信息像病毒一样传播和扩散）的绝佳时期，我这么说的意思是，"让人们沟通"就是一种高效的生产力，但是这里说沟通，不是你以为的那样。

首先，我要揭露，"社交媒体平台是演讲师有效而重要的病毒营销工具"这一错误的说法。（我告诉过你，知识财产与引发争议有关。）

这是我所了解的一个社交媒体大王说的（SNS 网络），这是不科学的、无事实依据的，并且可能不得人心的分析。（这不由得让我想起尤金·菲尔德度对《李尔王》中的主演做的一次伟大的评论："他演的国王总是杞人忧天。"）

下面是我做的几个有趣的观察。

如果人们每天浏览人际关系网 2 次，每次 15 分钟，那么在 5 个工作日周中，就会有 2.5 个小时。（尽管我应该把周末也算上，但是我没有这么做，因为在社交媒体上闲逛是一种全天的嗜好，我想在这一点上还是保守一点，打些折扣吧。）

如果他们每天浏览 Facebook 4 次，每次 10 分钟，差不多是 3.3 个小时。

如果他们每天浏览 Twitter 6 次，每次 5 分钟，时间是 2.5 个小时。（或者每天 12 次，每次 2.5 分钟，你明白吧。）

如果他们每周在博客上发表 3 次公告（保持博客活跃和有趣相当重要），如果创造和发布内容需要 30 分钟（我觉得在这一部分我确实虚报了时间），那么时间是 2.5 个小时（博客在节制方面很有用）。

现在我要增加 2 个小时的时间阅读别人的博客，回复评论，跟进社交媒体脱机内容，更新简介，以及上传图片等。

不要起哄，请听我说：在以传统的 40 个小时为基础的 5 个工作日中，我们现在有大约 13 个小时的时间用来做"社交媒体"活动。我知道这几个小时很可能会持续到晚上或者凌晨。在每周 40 个小时的工作时间里，有 33% 的时间贡献给了这些活动，但是在每天 12 个小时的工作时间里，这个百分数是 22%。

> 如果你想找一份传统的工作，请用社交媒体网站。如果你想寻找演讲工作，请找真正的客户。你会雇用一个在社交媒体平台上推销自己的演讲师吗？

如果你把少于 6.5 个小时的时间，比如 6 个小时，投入到其他职业里，我估计你会在一周的时间里做下面中的任何一件事：

- 写两三章书；
- 写 10 ~ 12 份意见书，并在你的网站上发表；
- 适当地给过去的 30 个客户或者热心的领导打电话并进行随访；
- 寄出 12 份新闻稿；
- 参加全天自我提高活动或者讲习班；
- 创作三次演讲或者一次完整的多日讲习班；
- 创造一种在你的网站上销售的新产品；
- 创造一次电话会议或者为一次电话会议制订营销计划；
- 创造并记录 3 个播客；
- 创造并录制一段录像；
- 为了得到证明书、推荐信或者介绍信，与之前的 30 个客户联系；
- 参加两次网络励志活动；
- 创造并分发两份时讯报道；
- 为代理完成至少一半的专业出版申请；
- 在如 PRLleads.com 这样的媒体上回答 50 个或者更多的记者提问；
- 找到两个高潜质的公益活动机会；
- 联系并跟进 5 个贸易协会组织，以获得演讲的机会。

请不要忘记在我的非学术分析里，我把那些时间分成了两半。我认为我已经按其真正价值对这些时间做出保守评估，并且这些评估被投入到了正式的社交媒体活动中。除了前面提到的 4 个社交媒体，我没有考虑过其他的网络或者平台。

只要有决心，你可以在几个月的时间里简单地做到所有这些。我每周拨出6个小时的时间，这样一天只有1个多小时而已。

目前我的评价是这样的：不要把职业和嗜好搞混。我从未说过社交媒体是罪恶的或者他们在某时某地没有帮助某人找到买家。我已经成为一个贪婪的博客人，并且每天都会浏览Facebook和Twitter，但是我仍然能够完成前面列举的所有工作，并且每周只工作20个小时。

如果你认真地对待企业咨询和指导（我的博客网址是contrarianconsulting.com），那么接下来我会告诉你在社交平台上是找不到那些买家的。这是不可能的吗？不是的。有人做过吗？他们说是的。如果你能在完成前面列举的所有工作的基础上做社交性浏览，会造成对时间不合理的安排和分配。如果你能两者兼顾，那么就加油吧！

我在Twitter上发表知识财产，当然是免费的，就像我在这本书里做的一样。我发现这些平台是实现回报、贡献和分享的好办法。但是你要做出明智的选择，因为人们只想有相互交流的时间，你的时间却不多。

如果你要从事病毒营销，请做我前面说的那些工作，不要用社交媒体平台。

拓展业务最好的9个习惯

我们在这里简单讨论一下9个好习惯，帮助那些想显著拓展业务并想用更简单的方法获得成功的新手和职业演讲师。

1. 永远不要回答这样的问题"你做哪些方面的演讲"

你的定位永远都是你为客户实现了什么。不要以你做什么为中心，要以客户怎样得到改进为中心。不要谈论你为什么如此优秀，要谈论买家的需求。最重要的是不要过早并随意地降低你的影响力。

2. 做好充分的准备，而不是盲目的准备

不要力求完美和做好充分准备一样重要。你或者我即将发表的演讲都不会是现代文明的转折点。如果运气好，你的演讲会对某人的职业和/或个人生活带来一些改进。对客户来说，90%和100%准备之间的区别(不管是什么)小得无法感觉到。但是把90%的准备做到100%所耗费的精力却是巨大的，远远超过从75%做到95%需要的精力。

这么说是离经叛道？我明白其中的道理，但是是时候深刻剖析这个行业对完美的幻想以及从业者疯狂的准备工作了。在90%的情况下你能够正确地排演和播放幻灯片，还要有一个备用计划，以预防放映机出现故障；你为了听众调整演讲中的案例，根据前面演讲的进程调整你的时间，这样就足够了。

我曾听说一位颇有名气的演讲师告诉一群人他在一年的时间里做了100次相同的演讲，并且每次演讲前他都会练习。这场演讲长达3个小时，所以他每次要用3个小时的时间来练习这场演讲。他称其为成功之路，但是我称其为学习障碍。我当时的反应是他要么是有意撒谎，给别人的准备工作制造虚假标准，要么他就是我见过的学习最慢的一个人。

做准备工作的一个最好的方法就是每周或者早一点记录你的演讲，然后听上几次。练习一些时下流行的幽默段子，并将其穿插到每次的演讲中；考虑一下你怎样在每个环节中运用视觉教具和进行流畅的过渡。当你厌倦听演讲录音的时候，你就该结束练习了。

3. 支持基本的成人学习需求

有人会告诉你在演讲中有一个规则：用一个有趣的故事开头，发表一个观点，讲一个趣闻，复述你的观点，然后用深刻的自我揭露结束演讲。这个规则可能会帮你用刻意安排的方式进行演讲，但是我希望你能提前想到以下这个方式。

成人学习的顺序，如图3.1所示。这个顺序不是固定不变的，但是其反映了我们对人类学习能力的了解程度。我们获得可能有用的信息，应用并用其开发自身的用途，得到对我们的运用能力和表现方面的反馈，然后将其用到现实生活中去。没有这最后的一步，其他一切都是空谈。

讨论方面可以包括幽默、听众参与和许多其他的工具。其需要的不只是一个"会说话的脑袋"(尽管它在学校里通常是)。实践的组成部分包括训练、角色扮演、游戏和模仿，或者它可以简单到让某人专注于如何应用一个概念。反馈组由为实践提供洞察力的需要组成，它可以是自我反馈、同事反馈或者演讲师反馈。应用的意思是听众做了某些事，不只是坐着听完你的演讲。

讨论→	实践→	反馈→	应用
演讲	单独	自我	马上
互动	团队	搭档	拖延
演示	精神上	演讲师	独立
例子	书面	拖延	和其他人

图 3.1　成人学习顺序

将这些步骤应用在工作坊，会比应用在专题讲座给你带来的更多，但是他们适用于所有成人。即便是在一个简短的专题演讲中，你也想对参加者发表观点并灌输行为。(这就是为什么，在专题演讲中，不一样的技巧有时比时长更难掌握。)

4.了解你的"励志演讲师"角色

激励和激发之间是有区别的。受到鼓舞必须是精神上受到了感动，在感情上有所投入和提高，并从语言中得到慰藉。受到鼓舞没有错，但其通常是一种短暂而愉快的感受，而不是对行为的长期关注。

激励是内在的，来源于自身。它是一种建立在令人满意的信仰之上的行动意愿。我不能激励你，只有你可以激励你自己。但是我或许可以建立一种有助于激励你的环境和氛围。(这解释了为什么在工作中激励能最直接地起到现场领导和外界影响的作用。让演讲师去激励痛苦万分的听众是一件相当傻的事情。)

每一位优秀的演讲师都是一位励志演讲师，因为他或者她帮助人们采取行动。激励和自尊相辅相成。在人们得到实实在在的技巧的同时，自尊也得到了提高，而且这些技巧一经使用，就能增加个人成功，并且鼓励他或她不断地使用这些技巧(见前面章节中的成人学习顺序)。从本质上来说,我越是成功,自我感觉就越好,自我感觉越好,我就越成功,这是同义的反复。影响这一循环的秘诀是提供可以赖以取得成功的独特技巧(见图3.2)。

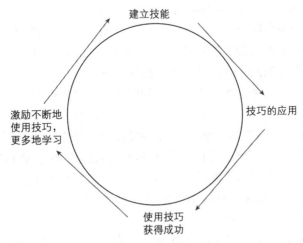

图 3.2 激励循环

当我们达到可以向他人传授技巧的程度时,我们就是励志演讲师了。每当有人问我"你是'励志'演讲师吗"的时候,我都不知道应该怎样回答。我想我最好是。

励志演讲臭名昭著,是因为有时它是一些装满陈词滥调和个人奋斗史、貌似鼓舞而又空虚的谈话,这是徒有其表的人才会说的话。"你无法夺走我的朋友,无法夺走我自己"和"你可以打败我,但是无法影响我"都是一些可爱的句子,却都无法用到第二天的工作中。从另外一方面来讲,学会解决同事间冲突的技巧或者怎样影响老板的领导方式可以切实有效地、迅速地帮助我。

5. 只在有观点陈述的时候进行自我揭露

在职业演讲师中,被称为自我揭露的自我揭示已经从一个微小的技巧变为一种主要的吸引力。当我们在讲台上用到自己和自身经验时,经常把谦虚的间接肯定变为以自我为中心的夸张。在此介绍一下我和学员在证明这一论点时用到的讽刺故事。

一个宇航员去月球探险,他和太空之间只有1/10英寸厚的金属。他在25万公里的地方着陆,小心但得意地在坑坑洼洼的月球上行走。现在他要返回等待他的地球了。

可怕的事情发生了。他没有向地球的方向返回,而是失去了控制。任何改正太空舱的努力都失败了,他无助地掉进了深渊。

女士们先生们,我就是那个宇航员……

相信我,这个故事并不牵强。我曾见过情绪失控的演讲师在讲台上泪流满面(总是在同一个地方,日复一日,用你能想象得到的真诚试图在46分钟内平复情绪),见过邀请有10年没有同自己交流的父母走上讲台的演讲师,还有一些演讲师,会透露超出我想知道的个人生活细节,与疾病和失败所做的斗争,以及其他私人问题。我从那些站在离讲台60英尺以外的演讲师听到的事情超出我在卧室里听到的事情。这不是一个好现象。

如果演讲中有帮助听众改善境况的观点,那么自我揭露是有用的。告诉我你出生贫困但现在富有不会给我帮助,除非我能将其和你用来实现如此转变的技巧相关联。每周和我分享你的伤心事、疾病、失败和盛衰有助于缓解压力,但是如果我没有将其转化到自身的境况和生活中,这些对我没有任何帮助。

我认为,我的听众都是身心健康的。当然,我们都经历过命运的洗礼,都有过不幸和精彩的时光,那只是人类存在的前提条件。不要暴露你的隐私,或者通过侵犯他人的隐私来侵犯自己的隐私,除非这么做能够产生实际效用。

一些"专家"竟然宣称演讲师与听众之间的关系有助于满足听众需要帮助的需求和演讲师需要认可的需求。对我来说,这听上去像是一个相互依赖的坏例子。我相信演讲师和听众之间的关系是建立在共有的价值(我们希望的改进)、信任(演讲师是真实的)、实用性(一些有用的技巧)和相关性(对我们适用)的基础之上的。作为一名演讲师,认可不是那么重要。

> 如果你感到孤单,那么养一条狗吧;如果你想练习,请找一个志愿听众。只有在你认为你能够改进个人境况和/或者组织福利的时候,你才需要努力寻找客户。

6. 在写作之前要有东西可说,以及经常写作

我曾听一个演讲师对其他人说:"如果你发表过一场演讲,那么你就拥有了一本书。"好吧,算你拥有的是一本非常简短的书。

不要使用间接资源,因为他们实际上已经背离了自身,并且有很大的误导作用。寻找你自己的资源,更重要的是建立自己的观点。有意识地环顾四周,理解你所看到的事情。人们在家里工作的时候,压力会更大吗?多人做的决定真的都比较低劣吗?大部分的培训结果在6个月以后就会消失吗?

不要害怕独树一帜,要害怕平庸。因为争议而鹤立鸡群要好过因为缺乏个性而成为别人的陪衬。不要让自己消失在平庸里。

写作能让你表达你的想法,检查你的认知过程,还能磨炼你的思想。与没有东西可写相比,虽然你写出的东西很有可能会被出版,但是能不能出版并不重要。写作和说话是相互作用、共同存在的。约翰·厄普代克曾解释说,想要知道人们想说什么,可以写一段对话,但是必须知道他们是怎么想的。我相信,你必须了解你在想什么,才能知道要对别人说什么。

7. 开发和利用个人轶事和故事

大家已经听够了男孩把沙海胆扔回大海的故事[①]。虽然故事曾经深刻而有趣,但是都已经不符合现今的情况了。

在我们的生活周围,到处都是故事、意外、事件,以及家人、朋友、陌生人的痛苦,把他们记下来,用磁带录下来或者给自己建立一个备忘录(我有一个"轶事文件");定期检查,并把那些能够证明一个观

---

① 一个路人说,这样的努力没有作用,因为尚有成千上万只沙海胆被冲上沙滩。"但是这对那只沙海胆有用。"现代版的哲学儿童如是说。

点或者强调一个想法的挑出来。随意修饰，不管怎样，这是你的故事，重要的是使听众的境况得到改善，而不是个人史的真实性。

不要丢弃一段轶事，即使是那些没有希望的轶事，也会随着你的成长，演讲事业的发展，客户的改变和社会多样化而成为耀眼的起点。在最差的情况下，轶事也只是占用一点空间，如果你将其丢弃，你将永远失去它。

个人故事可以让你不被别人复制，不管谁还在议事日程上，它都能让你独树一帜。没有人能像你一样讲述你的故事，因为没有人拥有你的个人历史和经验。收集和培养你的生活故事，他们永远都是你的再生资源。

8. 管住自己

不要试图每次都成为焦点。有一次，我受邀请到亚特兰大做演讲，大概是想和我套近乎或者想知道怎样和我套近乎，在演讲的前一晚，小组官员为我举办了一场晚宴。协会主席飘然而至，并很快取得了讨论的控制权。当有人在篮球方面提出问题时，她对从未玩过甚至不喜欢看的游戏发表了一些不相关的看法。

这位女士无法安静地坐下来倾听，因为她是用开口说话的次数来判断她的成功。我们的成功实际上是一种沟通。如果你没有站在讲台上，那么不要认为你是焦点（即使在舞台上，你也只是一条纽带，而不应该是一位英雄）。

或许你还有一个更精彩的故事，留着下次再讲吧，不要练习高人一筹的技巧。你可能游览过更多的地方，拿更高的报酬，与更难缠的听众打过交道，还有过更折磨人的出差经历，但是这又能怎样。考虑到朋友的关心，给别人留一些机会吧。

我见过的最优秀的演讲师是最好的倾听者。他们只是在需要站在舞台中央的时候才会站在舞台的中央。他们不必喋喋不休地告诉你他们做了什么，因为他们的成就说明了一切。

我喜欢那些有过人天赋和综合经验的飞行员，他们刚刚让一架载有500名乘客和价值4亿美元的波音747飞机在跨海飞行后着陆，然后在公共播音室里说,"感谢你们和我们一同飞行,真心感谢你们的光顾,希望再次选择我们。"这是谦虚,很珍贵的品质。

9. 你要明白有的时候是听众的原因,继续你的生活吧

有那么几次演讲,我没有被接受。客户和我的表现都很真诚,但是境况(或者是客户的判断)恶化了。我碰到过这样一些客户,如在酒吧里喝了两个小时的酒的人,在经历残酷竞争和痛苦重压之后获得奖杯和纪念品的人,被宣布可怕消息的人(死亡、失业或者被剥夺财产,我只是开玩笑),见过太多演讲师或者参加太多可怕又无趣演讲的人,没有理由乱发脾气的人。

我不是责怪客户,当然也不是责怪我自己;我尽力做到最好,然后离开。这是我能做的全部,并且我认为你能做的也不过如此。

如果你没有做好准备,忘了台词,受到威胁和无理取闹,这是你的错,你应该把钱还给买家。但是如果你已经做了力所能及的所有事,那么回家,改天再做。这样你赚到的钱比你受欢迎和开心的时候更多。不管你做什么,有些听众总是无法开心,你能做的就是尽力。

我认识的所有成功改变人们想法的演讲师中没有一人会对买家说:"这比我想象的困难多了,但我还是让他们改变了看法,所以请付我两倍的报酬。"相反地,也没有买家会对你说:"你已经尽力了,但是他们太固执了,你没有让他们得到任何改进,所以我要收回我的钱。"

你精心准备的东西偶尔也有不起作用的时候。对此,唯一一个真实存在的负面效应是你是否允许它在将来影响你。你在这一行业的时间越长,遇到的不能改变的障碍就越多。每隔一两年我都会碰到一个,跳开,花点钱,然后继续向前走。这个行业和某人观点的完美程度或者文凭没有关系,而是和完善的准备和竭尽全力有关。设想一下,如果每个人每一次为每个客户做了完善的准备和尽了他或者她的最大努力,这会是一个怎样的世界?

如果你不吹响号角,就没有音乐

本章的这一部分是写给那些对这一行业相对比较陌生或者演讲水平不高的人。一旦你有了进步,改变方向就相对简单了。但是如果停滞不前,你只能遵循一个方向。

有很多现成的选择可以创造你的个人能力,包括:

- ▶ 为一个公司提供研讨会工作;
- ▶ 获取赞助;
- ▶ 得到其他演讲师丢弃的工作;
- ▶ 自愿提供帮助来获得公开露面的机会;
- ▶ 扩大你的范围;
- ▶ 充当候补人员。

1. 为一个公司提供研讨会工作

这些公司包括像维仕坦、弗雷德·普雷尔研讨会这样的组织。很多成功的演讲师从这些公司起家,他们吸收演讲师和培训师的骨干,组成他们的"教职人员",在有限的时间里向全国的小型公司所有人提供廉价的研讨会(通常为39~99美元)和/或者会议服务。

真正的研讨会公司会独立创作或者购买课程内容,讲师不需要带自己的教材(实际上他们宁愿不带)。你要先学习这些内容,和资深人士练习教学,然后独立,自己教学。你会被要求投入一些时间(如每个月10天的时间)。写到这里顺便提一下,报酬非常低,一般每堂课300美元左右,但是对高级讲师和书籍和录像带销售员来说,也有一些例外。(组织"管理会议"的公司通常不允许向参加会议的人进行推销。我遇到过一些全国演讲者协会名人堂的人,他们也做这样低收入的工作,这是行业之间的斗争。)

其中的优势包括获得在全国公开露面和学习新的观念(你可以在不同的课程上教授)的机会、获得可以放在宣传资料里的荣誉("卢是连续两年获得晋升通道最高荣誉的培训师")、与不同听众打交道的经验、有保证的现金流，还可以有至少一半的时间来推销自己是职业演讲师。

缺点包括：要求投入你一半的时间（降低了你的灵活性），经常出差（虽然这是演讲工作的一部分），薪水很低，限制你在研讨会上能做和不能做的事，连续监控。这些公司怀疑讲师会在讲课过程中开发他们自己的成功机会，而且理由非常充分。

综合考虑所有利弊，如果你把这些安排当作通向你事业下一步发展的桥梁，这些安排还是相当有用的；如果作为一项长期的事业，其只能作为一种副业。不管你工作得多么努力或者工作做得多么好，他们都会扼杀你的能力。

2. 获得赞助

一些组织雇用演讲师以他们的名义出现。例如，苹果电脑会雇用某人给学校讲解技术的最佳应用，通信公司会雇用某人给警察局和消防局讲解处理危机的办法，或者某保健组织会雇用某人给社区团体讲解早期筛查某些疾病的好处。

这不是商品宣传。这是一些增进知识的产品介绍，产品赞助商想通过这些活动来提升他们的形象、信誉和长期业务。利用职业演讲师而不是公司发言人创造的是更少的销售氛围和更多的专业产品介绍。

优势包括：有保证的工作、公开露面、使用你自己的观点和技巧来满足赞助商的需求（赞助商可能会要求你来策划会议），以及列出稳定的客户。根据组织性质的不同，报酬可能会多一些，也可能会少一些。缺点包括：可能缺乏购买你未来演讲的买家，以及可能会局限于一个狭窄的职务中（她是一位保健专家）。

实际上，赞助不会给你带来帮助。你最好找到一个正在使用这种策略的公司（或者如果这么做了就会有用）并向买家介绍你的实例。相对来说，很少有人会积极做赞助，如果你的实力够强大，你可能得到他们对其目标的全部注意力。

默克公司让我在不同的医疗和医院大会上做了几次专题演讲师，因此它被我列为我的形象赞助商。

3. 得到其他演讲师丢弃的工作

我们当中所有获得一定成功的人都会被问及一些我们不想做的工作，因为这些与我们无关。这通常是因为客户没有支付报酬的能力，它涉及我们无关的区域，需要无聊的出差，和/或者它与其他的职业或个人活动相冲突。这样的事情在我身上一年发生好几次，在你读到这里的时候，这种事情每天还在发生。

找到有这种遭遇的演讲师。我的意思不是说你应该每周给他们打一次电话去要求施舍，因为如果没有交换条件，这看上去就是施舍。和这些演讲师发展关系，像你和客户、演讲机构、银行家一样的关系。为了换取第一次通话中提到的他或者她不能做的特定工作，你能对演讲师做一些调查吗？演讲师需要有人在办公室帮忙、做临时工作或者电脑工作吗？你能遛狗和洗车吗？（好吧，我是开玩笑的，但不全是玩笑）。

如果与3～4个工作繁忙的演讲师建立这种关系，你可能会定期得到他们丢弃的工作。如果你够优秀，就能对主题发表演讲，得到听众的认可（在这些情况下，不会一直有这样的事情）。你的报酬不是问题，因为和原来的演讲师相比，你的交易已经完成，而且你得到的报酬可能会比你直接签合同赚到的多。

这种做法的优势是和行家交往，和从未联系过的公司合作，并有机会运用你的才华和影响力。如果不能建立真正的信任关系，不想以跑腿或者随从的名义成名，那么就会产生一些不利条件。从我这里得到我丢弃的工作的人所得到的报酬，是他花费几天时间做准备和费力向客户吹嘘才能得到的报酬的两倍。他告诉我，无意冒犯，他真的没有见过任何人（指的是我）会对他这么有帮助。

他可能是对的。

4. 自愿提供帮助来获得公开露面的机会

每个服务组织、社团、社交俱乐部、青年组织和当地专业协会都会雇用演讲师，特别是在演讲师免费工作的情况下。自愿演讲的关键是你要为听众席中的潜在客户团体演讲。给这些团体演讲的固定规则很简单：总要带很多名片和赠品。

有的社团既有小公司的所有人，又有大公司的经理，还有社区的领导人。公民组织有意让大公司的主要人物参加他们的董事会和委员会(比如：大皮奥里亚业务改善联盟)。至少这些组织偶尔会给酬谢金。但是比做一些小改变更重要的是能在这些团体的人物面前有公开露面的机会。

我曾经给受虐妇女收容董事会做过一次公益演讲，帮助他们建立组织战略和目标。其中一位董事委员是该州第二大警局的警长，他马上让我给他所有的高级警官做了一场同样的演讲，他居然有联邦政府的特许。这种事情经常发生，但是如果你不能站在这些团体面前，这些就无法发生。

5. 扩大你的范围

尽量在更大的范围内来看待你的技巧。作为一名演讲师，你可以是调节人、主持人、参观大学的学者、发言人、传播和促进人，你也可以是任何一个被要求具有交流技巧和舞台表现力的人。

有一天，在从旧金山飞回家的时候，我在飞机场给妻子回复信息。

"你穿的是什么衣服？"她问。

"玛利亚，不要在这里问。"我小声地说。

"别打岔。你穿的是西装吗？"

"不是。你知道我出差的时候穿得都很随便。"

"好吧，听好了。你一落地马上回家穿上西装，在普罗维登斯的公共电视台与我见面。"

"为什么？有义演，还是让我做筹款人？"

"都不是。你要为妇女选民联盟主持今天晚上的辩论会。"

情况好像是经常主持该节目的主持人病了，而候补主持人正在休假。我的妻子，委员会成员之一，很自信地推荐了我。当我在节目开播前30分钟到达的时候，导演已经快要崩溃了，但是当他知道我能走、能说，还能看懂舞台信号的时候，他又恢复了元气。

节目完美结束，随后我在当地的一个颁奖宴会上受雇做餐后演讲师，获得全额报酬。我从未想过我可以主持那个节目。如果你让人们知道你的存在，你就能做很多不同的事情。他们可能不会完全认可你的演讲师形象，但是他们会给你机会在以后需要这种形象的人们面前发光。

6. 充当候补人员

还有一个大多数新演讲师没有抓住的技巧。向那些因为有人未能如约出席（在那些经常被严寒侵袭的地方，这是很常发生的）而受到严重损失的公司介绍你的名字、证书和能力（它总是与关系有关）。向当地演讲师机构、酒店宴会经理、公司会议策划人、服务机构、报纸专栏作家、脱口秀主持人、游客联络站和其他任何可能雇用或者影响雇用外界演讲师的人介绍你的名字。

以我的经验来看，没有人会与你竞争。告诉人们你不希望他们因为意外而雇用你，而是为了慎重起见，才会需要候补演讲师，如果他们在最后一分钟给你打电话，那么你要拿到和前任演讲师一样的报酬。

我经常出现在电台，在当地还被电台采访过。有一天，我参加过两次的脱口秀节目主持人告诉我她要休假了。"你很擅长主持节目，"她说，"替我主持一天怎么样？"

因此，我做了3个小时的脱口秀主持人。制片人在耳机里不停地说："不要忘记推销你的新书。"

是的，我想我可以这么做。

是鱼就会游泳，但是萝卜青菜各有所爱

在这个行业，成功之路不止一条。勃兰特·罗素曾说："永远不要过于相信任何事，即便是我告诉你的。"

职业演讲师帮助人们和组织改善他们的境况。他们用各种方法，并雇用大量的人才。你必须决定你的"游戏场"是什么和上场后什么样的游戏才有意义。忽略那些用手指着天空大声宣称你必须专业化、

必须只能为报酬演讲、必须全职演讲、必须和演讲机构合作、必须有演示录像和必须每天吃麦麸的人。

唯一必须做的是要灵活,不要排除有助于你提高事业的、有用的选择。我们每天都在努力提高我们的事业,既有新人,也有资深人士,不管姿态鲜明与否。和其他人相比,我们中的一些人更专业。

> 没有比成功这两个字更成功的东西了。不要听那些空洞的指令。请观察一下各类成功人士做的事情,然后跟着做。

观察那些你尊敬的人做了什么(不要只听建议,因为给建议很容易),还要观察各种各样的人做了什么。接受那些看上去与你最有关联的技巧,也许有些能帮助你扩展工作。通过这样的探索,你可以确定你对客户的真正价值,有助于确立和你价值相称的报酬。

有人问我为什么不把像寄发票这样的行政工作转包出去。

"你疯了吗?"我大声地说,"那是这份工作最大的乐趣之一。做发票,然后寄给客户,这是对工作的赞美,它实实在在地证明了你给客户提供的价值,是对其投资物有所值的回报。"

只有当你能切实地帮助自己的时候,你才能帮助别人。因此我们来看一下你们当中大部分人已经开始的章节:确定收费。

总结

"经营理念先导"是最新的时髦短语:将人们吸引到重要目标、专业知识和权力方面去。不管你的事业处在什么阶段,你都有创造这种名誉的能力。

一个主要的先决条件是简洁。告诉人们他们需要知道的东西,而不是你知道的所有东西。你是不同行业环境下的职业演讲师,而不是沙龙里擅长讲故事的人。那些年复一年讲述同一个老故事和用陈旧例子的演讲师可以得到一些工作，但是他或者她无法建立一项事业。

你的最大财富在你的大脑中，即知识资本。你必须用具体的例子才能说明知识资本是知识财产。工业生产有很多种形式，演讲只是其中的一种。(大多数演讲都不能马上取得版权，除非你提供一些优秀的书面材料，但那也是很罕见的。)

你可以用不同的方法来提高你的业务，而且应该遵循那些最好的习惯来扩展业务，不要试图做一些不切实际的事情。其会增加你作为思想领袖的声誉，并增强病毒营销的传染力。在这个技术时代，做到这些要比任何时候都要简单，但是不要到一些社交平台(社交媒体)去夸张地吹捧。

总而言之，如果你不吹响号角，就没有音乐。

第 4 章
确 定 收 费

> 你收费多少？得到的报酬是多少？

职业演讲是一种职业，在这个职业中你保留的东西要比你创造的东西重要得多。

必须创建的三个基本收费范围

人的价值不能用时间来衡量。我的汽车技修工每小时为其工厂创造 125 美元，一些演讲师要求一场专题演讲收费 7 500 美元，而科林·鲍威尔，参谋长联席会议的前主席出席一场会议每小时收费 75 000 美元，这相当于普通专题演讲师报酬的 10 倍，技修工报酬的 600 倍。为什么会出现这种情况？难道科林·鲍威尔的人生经验、技巧、准备工作、智力和能力是专题演讲师的 10 倍或机修工的 600 倍吗？

实际上，我们站在讲台上的 1 个小时 (半天或者一天) 不是我们带给客户的价值，但我们还是要对这种时间商品收费而不能对我们真正的价值收费。实际上，机修工之所以能够每个小时收费 125 美元，是因为他或者她可以利用自己修车的经验、培训、专业知识和天赋给你的车提供恰当的预防性维护，并保证这种维护在你离开后的一段时间内有效。这一过程同样适用于你、我和科林·鲍威尔。

听众是听1个小时专题演讲的人①，但是由于以下几个综合因素的共同作用，买家是给你支付演讲报酬的人。我称为"价值列表"，即你做的事情中那些买家认为有价值的事情。

给演讲师的价值列表
- 你在这一领域的名誉
- 你在演讲中表现出的天赋
- 你特有的知识或方式
- 你独特的讲台技巧
- 可视教具或者你提供的演示示例
- 你给特定行业做演讲的能力
- 你的经验、故事、轶事和/或者幽默
- 随之而来的行为改变
- 给该行业带来的改进
- 由你创造并将一直成为焦点的参考点
- 重新考虑定位
- 来自其他公司的机会
- 人们从你的信息中获得的激励
- 你能够提供的有利因素、方向和目的
- 你的可信度
- 你的个人成就和成绩
- 充当榜样的能力
- 客户对你的信任
- 你独一无二的知识财产
- 你的名气，例如一部成功的商业出版物

这些因素用得越多，你就越有价值。如果你认真地想一想，你就能明白其实科林·鲍威尔在演讲中运用了所有这些因素。身价7 500

---

① 这一逻辑适用于任何一个时间段的演讲，包括为时几天的培训会议。我只是把1小时的专题演讲当作（与下文统一）最典型的例子来用。

美元的专题演讲师用了很多上述因素。你用了多少？

请注意我的价值列表主要是以过去和未来为中心的。虽然如讲台技巧和演讲风格之类的东西是你过去的培训、经验和从业的结果，但是它们仅存在于当前的状态下。换句话说，你带给买家的价值主要表现在以下两个方面：

- 以前的经验和发展相结合创造了你今天传达的才能；
- 客户把长期结果当作你的演讲产生的结果。

你真正的价值存在于这两大因素的独特组合之中，它们创造了你提供给客户的当前价值以及技巧、行为、观点和方法，而这些技巧、行为、观点、方法只能在听众听完使他们自身和事业得到永久收益的演讲之后才能得以应用。

> 讲台只是让演讲师把来源于他或她过去的经验的自身价值转换成听众未来的工具。

从机场乘坐出租车不值35美元，但是把你从机场送到你必须去的办公室就值35美元。乘坐公共汽车只需5美元，但是速度慢、不可靠、停靠站点多并且不舒服；乘坐私人轿车要花65美元，但是舒服一些，有私人电话、可以控制气温并且提供周到的服务。我们都会为我们认为值得拥有的交通工具投资。

按照时间计算，专题演讲要比全天研讨会贵得多。当有人同时做专题演讲和全天研讨会时，如果专题演讲收费5 000美元，那么全天研讨会的收费不会是40 000美元（5 000美元乘以8小时），这个人可能会为全天研讨会收费7 500美元。作为一种商品，专题演讲要贵得多，因为它是人们到达买家选定的目的地的"豪华轿车"，它用的时间更短，并且更舒服。

从买家的角度来讲，演讲的基本过程必须是表4.1中的一种。你的责任是让买家明白他或者她的价值列表不是通过你的1个小时或者半天来体现的，而是通过先前的大量工作以及一直积累到未来的结果来体现的。在我们买的名牌药中，有些制造成本很高，但远不及它们的销售价格高。为了使药品最终能以安全、可靠和方便的方式卖给消费者，默克、辉瑞和强生在研发方面投入了几百万美元。药的作用是对我们的病情产生长期的影响，或者治愈，或者减轻。

表 4.1 价值过程

演讲师的过去	当前活动	客户的未来
经验	专题演讲	更高的生产力
教育	讲习班	更少的摩擦
成就	研讨会	更高的士气
发展	促进	提高的形象
出差	培训	更好的业绩
工作史		更大的市场份额
观点		更大的利润
成功/失败		更大的发展
冒险/窘境		更多的创新
试验		问题解决
更满意的客户		
优质服务		
流程		

演讲过程和药物的研究与生产一样。我们不是给阿司匹林胶囊付钱，而是给创造阿司匹林的工作和其对我们健康产生的有益影响付钱。买家不是为演讲付钱，而是为其创造的价值和对集团产生有益影响的长期过程付钱。

我们来解释一下价值理念的奥秘：我们用过去的力量结合目前的转换机制来显著改善客户的将来。明白吗？如果你能明白这一流程，你永远不会因为收费高遇到麻烦。

在客户看来，建立高收费的关键是建立高的未来价值。（未来可能是明天或者是明年。）我们必须彻底澄清这一点，因为大部分的演讲师都是以错误的结果为中心。价值和喝彩与给演讲师在以 10 分为满分的"微笑的答卷"上评 9.9 分没有关系。对买家唯一重要的是他

第4章 确定收费

或者她的目标得到怎样的实现，这与听众的评价没有关系，除非演讲师刻意强调两者之间的关系。在提高销售额、降低摩擦和在更大的行业改革中体现的价值要远远超过听众给演讲师的评价所体现的价值。评价适用于相对短暂的时期，而结果永远适用于企业。①

大部分演讲师，包括那些提供"指导"和建议的演讲师都是对我的流程表中错误的部分(第一栏或第二栏)收费。它们是投入，不是价值。

没有一个公司或者集团买家会说："记得演讲师玛丽吗？她的评分是 9.9 分，她对我们的事业做出了很大的贡献。"但是买家很有可能会说："还记得演讲师玛丽的演讲吗？这个演讲提高了我们的销售业绩？是不是该请她再回来啊？"如果你以自我为中心，那么你得到的是安慰；如果以客户的结果为中心，你会再次得到工作。

因此，要实现这一目的，应做到以下几点：
▶ 了解你自己的价值提议；
▶ 只和真正的买家合作；
▶ 把你的价值转换成任何一位特定客户的长期结果；
▶ 让买家明白他或者她得到的是相同的结果；
▶ 提出你的价值选项。

现在我们先来了解一个简单的收费体系：一场专题演讲、一个半天讲习班和一场全天或者多天的研讨会。如果专题演讲收费 7 500 美元，那么半天讲习班应该收费 10 000 美元，全天研讨会应该收费 15 000 美元，接下来的每一个全天讲习班都应该收费 12 000 美元，但是这只是目前的收费标准。在本章结束前，我们要让这些收费翻四番。

你愿意继续往下读吗？

---

① 我要澄清的是，我说的是那些通常是部门经理或者管理者的合法的集团买家，不是会议策划人，因为他们通常只关心省钱和听众的评价，因为这是他们公司评价他们的方式。部门经理只有在得到结果后才能拿到报酬，如果结果足够重要，钱就不是目标了。对买家和方法的进一步讨论，请看我的另一本著作《咨询顾问的商业思维》。

甩掉中间商：只与真正的买家做交易

请注意，在谈到获取交易的时候，我很少用到客户这个词，这是因为买家是重要的，演讲师经常不知道谁是真正的买家。买家是开支票的人。在小型企业里，买家通常是靠近组织等级表上最高位置的那个人；但是在规模较大的公司里，买家可能是任何人。职位名称相当具有欺骗性。（现在，银行里的职员至少是"副总经理"，但是他们中没有一个人有权力限制你使用支票账户里的报酬，我称为"头衔膨胀"。）

在演讲业里，会议策划人的角色被过分夸大了。实际上，大多数情况下，会议策划人是执行买家，而不是经济型买家。我这样说的意思是会议策划人都有严格的预算（由真正的买家制定），并且他们会因为节约预算而得到报酬或者奖励。会员策划人通常是低级别人群，他们很少参与公司战略计划或部门任务，而且一直把演讲师当作调整时间和预算的商品。①会议策划人喜欢用演示录像来评价演讲师，他们根据滑稽的故事、讲台动作和外表等表象做出低级的决定。曾经有一个会议策划人平静地告诉我，他们不想用女演讲师来给他们的团队做演讲（这是一个女会议策划人说的），认为其中一个演讲师太老，另外一个"太纽约化"，还有一个太啰唆。

演讲师机构倾向于通过会议策划人和中间人打交道。如果你和演讲机构合作，你不会错过这种潜在买家，因为演讲机构会为你找到这些买家。但是你要用自己的方式避开会议策划人，并把以结果为中心的买家作为中心。他们是被你的价值或结果所吸引的买家。由于他们本身也是受雇实现某些结果，因此他们会给那些帮助他们实现这些结果的人支付报酬。他们的方程式很简单：ROI（投资回报）。

---

① 在其他地方发放你的名片和介绍信。我知道优秀的会议策划人是存在的，而且他们中的一些人和重要的商业目标紧密连接。这只是极少数情况。把会议策划人当作主要买家的演讲师永远无法明显提高他们的报酬，因为他们的价值/结果变化对这些买家没有意义。

只要可能，就要向经济型买家做营销和销售。如果你发现你被介绍给执行买家，那么利用这个切入点来接近经济型买家。虽然一些好的演讲机构也会寻找经济型买家，但是演讲机构还是倾向开发会议策划人市场。你的战略应该和图 4.1 中描述的一样。

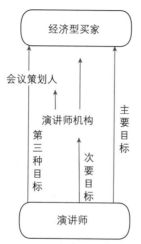

图 4.1 演讲师优先考虑的市场

演讲师的首要目标 (任何推销或从事这些行业的人的目标) 应该是和经济型买家建立联系。次要目标是和那些一直与会议策划人合作但可以把你和经济型买家相连接的演讲机构建立联系。第三目标是 (我的意思是如果有时间或者运气好) 与会议策划人建立联系，因为这是可能通向真正买家的途径。从我自身的经验来讲，大多数演讲师颠倒了这一顺序，因此从稀有资源中得到的回报也少得可怜。

所以我们的方法可能会与下面讲的方法类似：

▶ 了解你自己的全部价值；
▶ 把你的价值转换成任何一个特定买家的长期结果；
▶ 在你的目标客户中找到经济型买家；
▶ 让买家明白他或者她得到的是相同的结果；
▶ 提出你的价值选项。

你怎样才能知道遇到的是真正的买家？它和喜马拉雅山雪人一样，是那种很少能看见但会在雪中留下足迹，足以证明它是有知觉的动物？或者是躲在人群里等着你去仔细寻找的沃尔多（是考验眼力的游戏《寻找沃尔多》中的人物，规则要求必须在有限的时间内快速从一张让人眼花缭乱的大图中找到穿着红白条纹衣服、并带着一只小狗的"沃尔多"）？

我说的经济型买家都有像主管、经理、事务处理顾问、副总经理和业主这样的职务，当然还有首席执行官。事实上，与职位高一些的买家进行交流其实很容易。如果你在和想为他或者她的销售会议找一个演讲师的副总经理谈话，则你们的谈话方式简单直白；如果和一个告诉你为会议寻找演讲师的销售主管谈话，情况会是怎样？如果不是有意冒犯，你怎么知道他或者她是经济型买家还是可能存在的买家？

> 必须寻找经济型买家的原因是，从产生的结果而言，他或者她是唯一能欣赏你的价值并由此做出投资决定的人，否则你只能像钢笔、包装材料或者农产品一样被购买。

下面是在寻找真正的经济型买家的过程中我认为很有用的几个问题。你不一定要问所有问题，但是要选择最适合你风格的问题，所以我只会简单地问："你会是做投资的那个人吗？"

作者寻找经济型买家时问的问题
- 谁的预算支持这次投资？
- 谁来评价最后的结果？
- 参加人通常会向谁做汇报？
- 谁的目标岌岌可危？
- 哪位管理人会开始或者结束（担任重要角色）会议？
- 谁来批准最后的日程？
- 你会做出决定或者给别人提建议吗？
- 如果对日程有争议，谁来做最后的决定？
- 参加者的成功或失败对谁的影响最大？

委员会很少是经济型买家。从定义上讲，他们是评估人和推荐人。如果你真想问他们问题，可以用你想用的明显或隐晦的方式来提问。通常，我们因为被考虑做一场演讲而太过高兴，以至于想给见到我们的所有人留下深刻印象。如果我们想得到工作，这没问题；如果我们想创造一项价值百万美元的事业，那么这样做毫无用处。

(顺便说一下，有时我们偶然发现我们一开始就奇迹般地在与经济型买家合作。在这里，我提出一个复杂的建议：缠住他。对演讲师来说，第一次接触买家后就获得他的邀请是很少见的。如果他们把问题向下层推，那么你在该企业中的信誉会不断下降，之后有人会问你："如果我们把时间从2小时改为45分钟，你的收费能减少多少？")

当我们谨小慎微地问这些问题并且发现我们的确只是在与阻止我们和经济型买家交流的守门人打交道时，会发生什么事情？我们已经碰到了吹嘘部门人员有多么忙碌的警卫，但是谁的职责是阻止决策人接触有助于做出高品质决定的信息？我们是忍受污辱，还是越过壁垒？

利用你的聪明才智和能力越过壁垒。下面我们介绍一下接触真正买家的方法。

接触经济型买家的法则
- 我必须保证他或者她的目标能够实现。
- 我必须确定没有不合理的期望。
- 我必须保证演讲的全部价值已经被理解。
- 我必须根据他或她的风格、主题、哲理和日程来调整我的方式。
- 从道德上讲，我应该见一见投资人。
- 让你做我该做的销售工作是不公平的。
- 有一些技术细节只有我能解释。
- 我倾听他或她的战略和战术是必须的。
- 如果我们都得到了他或她的建议，那么你应该与我合作。
- 我对每个客户都这样做，这是我被推荐给他或她的原因。

- 这是优秀的专业人士在这一行业中做的事情。
- 为了保护他或她，目标有的时候会有所改动。
- 这是一个严格的质量方针，除非我们见面，否则我无法与他或她合作。

如果这一切失败了，你可能只想和经济型买家联系，并告诉他或者她同样的事情，但是你激怒了守门人，并有可能失去潜在的交易。然而，没有风险就没有回报。找到经济型买家并且和他或者她达成一致很重要，因为从适当投资的角度来讲，只有这个人才能欣赏你为企业提供的价值一揽子计划和长期结果。

● 提供肯定的选择

虽然我们还没有说到收费结构，但是我已经用整整半章的篇幅为收费结构做了铺垫。这是因为如果你在和错误的人打交道或者如果你不能建立价值和结果，那么你的收费策略都是无关紧要的。假设你已经建立了价值和结果，那么我们到了最后一步：

- 了解你自己可提供的价值包；
- 把你的价值转换为某一既定客户的长期结果；
- 在你的目标客户中找到经济型买家；
- 让买家明白他或者她得到的是相同的结果；
- 提出你的价值选项。

你永远都不希望买家对是否需要你的服务做出决定，而希望买家对怎样利用你的服务做出决定。要想实现这一目的，你必须给买家提供一些选择。你控制着这个过程。如果你提供选择，买家就会考虑这些选择。如果不提供选择，买家不可能会说："我们创造一些选择吧，这样可以给我提供一些利用你的方式。"

这不是深奥的推理。买家会做最有利于他或她的事。你必须控制这种关系，这个存在于你自身利益中的东西才能出现在买家的自身利益中：雇用你。

举例

假设买家正在考虑让你在年会上主持一个两小时的并行发布会。买家给 6 位演讲师做的预算是做三场并行发布会,每场 3 500 美元,专题演讲每场 6 500 美元。下面是你可能会提出的一些选择:

- 按照预期的 3 500 美元收费,做一场并行发布会;
- 做两场不同题目的并行发布会,收费 6 000 美元,为客户节省 1 000 美元;
- 做一场专题演讲和一场并行发布会,收费 8 000 美元,为客户节省 2 000 美元;
- 做一场并行发布会,当参加人被分成工作小组时,出席并促成分组,收费 5 000 美元;
- 做一场并行发布会和主持一次客户计划于稍后进行的专题讨论小组,收费 5 000 美元;
- 置换和组合前面的选择。

> 记住,讨论不应该与费用有关,只能与价值相关。

然而,有一种更强大的方式把演讲收费变为财富。

细分一个事件的完成程序,让你的成功提高 3 倍

在我培训演讲师时,经常做的练习是把他们在会前、会中和会后能做的所有事情用列表的形式列举出来。很多演讲师接受了这一列表,因为他们卑微的自尊迫使他们接受除了给狗洗澡以外一切能证明他们收费合理的事情。在你看到我是怎样解释这一列表之前,列表中没有一项是特别突出的。

下面是大部分人对我说的东西的摘要。由于主题、背景和中心的不同,大家的列表也会有所不同。

事件之前	事件之中	事件之后
和参加人见面	进行介绍	盘问买家
和客户见面	提供可视化教具	后续会议
和供货商见面	提供文字资料	进入网页
光顾自己的生意	为书签名	通过邮件指导
光顾竞争者	搭档的计划	通过电话指导
调查	促进突破	调查
制作教材		电子总结
与董事会见面①		时讯报道
提交计划/评论		发出最好的计划
与其他的演讲师交流		后续教材
评论议事日程		

你可以看到事情的发展方向。现在你拥有的是一个改进的过程，而不是一个事件，你给买家提供的是选择，而不是胡乱塞给别人的垃圾。

"报酬是多少？"有人问你。

"我现在还不能说。但是你为什么不选择那些一直都在吸引你的价值选项？如果你这样做，我会按照你的需要和选择来确定收取多少费用。"

我向你保证，如果你接受这一结构，并按照这一结构管理每一次演讲机会，不管是专题演讲还是培训，你的报酬会在一年的时间内增为原来的5倍。这意味着你必须克服"我不值这个价钱"的心理，并接受"我可以提供巨大的价值，如果我无法给买家提供值得考虑的东西，我会再次失去价值"的心理。

请注意这些只有在你和买家交谈的时候才有用。从事人力资源的

---

① 如果你在与贸易协会打交道，那么这会对营销工作特别重要，并提供巨大的帮助。在这个协会中的董事会成员也有可能成为你的潜在买家。

人只会要求你用低得不能再低的报酬来做所有的事情。①

买家可能喜欢减少费用，但是他们痛恨减少价值。只要你提出的价值有重要意义，买家就想得到它。这是靠情绪所做的决定。逻辑使人思考，感情使人行动。在信任"金字塔"(见图4.2)中，你会发现这个过程：

❶ 感情的；
❷ 理智的；
❸ 联系的；
❹ 专业的；
❺ 推荐。

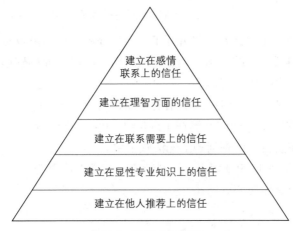

图 4.2 信任"金字塔"

我曾经认为，只要价值增加了，报酬也会增加，我犯了一个极大的错误。随着信任和一个品牌的发展，价值和报酬两条直线相互交叉(见图4.3)，因为人们期望得到他们已经付过钱的东西。

---

① 我要澄清的是，我说的是那些通常是部门经理或者管理者的合法的集团买家，不是会议策划人，因为他们通常只关心省钱和听众的评价，因为这是他们公司评价他们的方式。部门经理只有在得到结果后才能拿到报酬，如果结果足够重要，就不会太在意费用。对买家和方法的进一步讨论，请看我的另一本著作《咨询顾问的商业思维》。

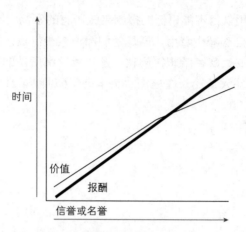

图 4.3 价值和报酬的变化关系

没有哪个买家会说："听好了,我能找到这个国家收费最低的演讲师。我用低一点的报酬从他那里获取服务,我对他感到很抱歉。我希望你们认真听他的每句话。"

科特·威尔森(硅谷太空站的首席执行官)让他的员工猜测我所做的演讲的费用。他们推测在 1 500 到 3 000 美元之间,其中一个工作人员还在是否含午餐问题上无法做出决定。

"他要了我 18 500 美元,"科特说,"所以认真听。"

买家也有自尊心。

增加报酬的 40 种方法

除了我说过的方法以外,还有 40 种方法来增加你的报酬。

① 和客户合作建立价值。
② 把你的报酬建立在价值之上而不是任务之上。
③ 永远不要把时间作为价值的基础。
④ 不要停留在客户想要什么的思维上,要发现客户需要的是什么。
⑤ 首先考虑 1/4 销售——报酬是渐增的,不是由环境造成的。

⑥ 让客户参与判断——不要做出规定。
⑦ 永远不要自愿提出减少报酬的选择。
⑧ 如果你是自己"独立完成"的,那么增加费用。
⑨ 如果你被迫考虑减少报酬,那么先减少价值。
⑩ 提供选择:"肯定"的选择。
⑪ 总是提供全面并超出预算的选择。
⑫ 尽早提问与高报酬有关的问题:"你的目标是什么?"
⑬ 扩展目标并适当增加价值。
⑭ 确保客户知道你的服务范围。
⑮ 如果有些东西超出了你的工作领域,把它转包出去。
⑯ 总是问自己,"为什么是我,为什么是现在,为什么用这样的方式?"
⑰ 确定除了你以外,买家还有多少选择。
⑱ 把建议当作确认,而不是探索。
⑲ 当有人过早地询问报酬时回答:"我不知道。"
⑳ 如果必须减少报酬,向买家争取交换条件。
㉑ 不要接受麻烦的、不合适的或者可疑的业务。
㉒ 在合作或分包时要客观分配。
㉓ 任何一个高薪员工必须创造新业务,而不只是接受业务。
㉔ 在你的项目中找到新的经济型买家。
㉕ 无偿地为公众利益做某些好事要好过降低报酬。
㉖ 报酬与供需没有关系,只与价值有关。
㉗ 如果你不知道现今市场的收费范围,那么你的收费会过低。
㉘ 从心理学上来讲,买家认为高付费创造高价值。
㉙ 价值包括主观标准和客观标准。
㉚ 给当前的客户介绍新价值,由此提高报酬。
㉛ 在专题报告涉及基准相同的情况下,不要接受转介业务。
㉜ 如果被迫分阶段进行,为保证未来的业务,给出部分折扣。
㉝ 至少每两年考虑丢弃 15% 的底层业务。

㉞ 从每次都对你最有利的付款条件开始。
㉟ 要求一次性付清。
㊱ 永远不要接受条件满足后再付款的付款条件。
㊲ 以改进、提高为中心,而不是以解决问题为中心。
㊳ 提供前瞻性的观点、标杆和最佳实践经验。
㊴ 练习说明和解释你的报酬。
㊵ 随时做好离开演讲业的准备。
想要说服我相信至少上面一半的方法不适用你的情况和工作很难。

增加报酬周转率

还有一种被大部分演讲师忽视的增加报酬的方式,那就是报酬的周转率,它的意思是要尽快把你的报酬放进你的银行,通常演讲师默认的情形是"你想付款的时候再给我付款"。当结果和价值在观念上达成一致后,工作条款就能明确地规定下来,这样后续条款就可以由买家落实了。如果你没有建立付款条件,那么可以由在客户们碗里挣钱的购买代理做,而且他们愿意受雇于此。

尽量争取提前拿到全额报酬。你不能总是提前拿到全额报酬,如果不要求,你永远不可能提前拿到报酬。简单地说明你的要求,如:在确定时间和开始做像演讲、设计、制作教材以及与参加者见面等准备活动之前拿到全额报酬。①

如果不能提前拿到全额报酬,你可以提供一种抚慰性鼓励措施,比如,如果提前付全额报酬,你会提供 5% ~ 10% 的折扣。(如果演讲日期马上就要到了,不要给出这样的优惠。)这种折扣之所以重要,有两个方面的原因:

▶ 你会在很长一段时间内控制并利用这部分钱,有时候可能是提前一年;

---

① 费用应该在演讲结束后马上给付,如果还有后续演讲,应该在每个月收到你的发票后给付。

▶ 如果你控制了这部分钱，客户将无法取消你的演讲。

请注意：很多演讲机构都有一项在你做完演讲并且客户满意之后才能得到报酬的"监管"报酬"政策"。不要与有这种愚昧思想的人合作。客户是你的，不是作为中间人的演讲机构的，你的付款条件应该由你来决定。（一些昏头昏脑的负责人会问你："你怎么知道哪天你还能在这里演讲？"我回答说："我在这里的机会要比你在这里的机会大得多！"）

演讲师和顾问给我写的很多信证明了这一建议的明智性，并举例说明了由于客户内部发生变动，如果没有支付报酬，合同就会被取消或者推后。

要求缴纳不低于50%的定金，尾款在演讲之前付清是正确的，在你露面之前先拿到装钱的信封。一些演讲机构会要求以50%的押金作为演讲"保证"，让他们走开吧！如果一个演讲机构收取50%的押金，那么它应该保留25%作为佣金，然后马上把剩余部分转给你。

> 付款条件取决于你的策略。如果你没有策略，客户的策略就会被采用，并且这一策略肯定不是尽快给付。

如果演讲机构选择了你，并收取了定金，那么应付给你的部分应该在演讲的时候支付给你，而不是留在演讲机构。（他们会再一次推迟付款，有的时候是几个月。一些演讲机构甚至要求报销他们的费用。）

我不建议接受少于50%的定金，演讲机构收取25%的佣金，剩余部分在演讲当天给付。这样一来，定金就减少了，你更容易受到取消、延期、延期付款、有争议的成本和客户内部混乱等问题的困扰。

用书面的形式来保证你提供的服务工作，但是要以你的合同不能被取消作为交换条件。这是一种商业交易，商业交易的目的是利润。（在2011年9月之前，我收到了4份全额预付定金。我向每位客户保证悲剧发生后归还他们的钱。每个人都告诉我，如果那样，他们会重新安排支付方法，有些交接工作花了一年的时间，但是他们都照做了。我留住了金钱和客户。）

我们来总结一下：把你的报酬建立在你为客户实现的价值上；在流程中提供选择（价值包），这样客户才能决定怎样更好地利用你，而不是是否要用你；通过竞争性条款并利用各种方法来增加后续付款的周转率。只要这样做了，你就有适当的方法来赚取 100 万美元。我们会在下一章探讨你怎样才能吸引这类交易。

总结

报酬应该是建立在价值之上的。即使是一个"少得不能再少的"专题演讲邀请，也有预先工作、并存工作和后续工作的可能。不要把你做的事情当作一个"事件"，而要当作一个"过程"。

至少要给简短、中型和较长的演讲制定收费标准。这些费用不应该以你的从业时间为基础，而是建立在名誉、知识财产和你实现的价值的基础上。做到这些的最简单、最好和最有利润的方法是和经济型买家做交易，而不是和中间人做交易。

演讲师机构和会议策划人不会把你的报酬或者成功最大化。前者是通过工作量来进行运营的，他们试图让更多的人错误地认为客户是属于他们的，演讲师只是雇佣工而不是天才。后者靠把成本降到最低来得到报酬和奖励，与质量或结果没有关系。

你可以得到很多、很好的价值，那么谈谈由价值而来的报酬吧！买家期望他们的付出有所回报，就像他们买豪车和名表一样。

如果你想在演讲业中赚到 100 万美元，那么请注意这两点：只和真正的买家合作，而不是和中间人；以过程和过程的结果为中心，而不是时间和事件。如果你这样做了，你的报酬会超出 85% 的演讲师。

第 5 章
现代营销

> 我不关心成本；我要见简·琼斯！

招揽业务很重要是因为：
- 在这个行业里，很少有人通过"冷电话"购买东西；
- 不必证明自己或者出示证书；
- 有购买的最低价格；
- 酬金不成问题。

我还可以列举很多原因，但是这已经足够了。如果你要吸引真正的客户——那些经得起检验并适用于第 4 章讨论的收费结构的客户，我马上就可以帮助你做到这一点。

互联网的魔力和秘密

让我重重地得罪你一下，我认为你的网站不是一个销售工具。

哦，天哪，那些网络营销大师呢？呃……他们对网络 (还有很多其他的东西，但是我们没有时间在此多做介绍) 的看法是错误的。

你的网站只是一种信誉声明。也就是说，真正的买家，在听说过你、读过有关你的作品和见过你之后，可能会浏览你的网站来加深对你的了解。只有非买家才会在互联网上"闲逛"寻找演讲师，他们会发出像"我们在为某年会寻找演讲师。如有意，请点击 www.gasbag.edu 填写演示申请表格"①这样的消息。

这意味着你的网站只需要做两件事情，即恰当并迅速地告诉买家对他或者她来说网站上有他们要的内容，通过网站证明来自他或者她的同行的推荐是靠谱的。

> 你必须抓住买家的自身利益，并通过同行的认可让买家放心。

成功建立网站的规则

❶ 着重说明你的提议所具有的价值。（例如："我在减少营业时间的同时降低了新客户的购买成本"。）

❷ 迅速向买家说明网站上有的东西，例如，你的员工可以做到：
   ▶ 掌握"迅速结束"的 4 种方法；
   ▶ 揭露 4 个主要反对方面的抵抗；
   ▶ 靠每个新客户创造更大的销售；
   ▶ 学会用电话完成销售；
   ▶ 靠每个客户创造更大的利润。

❸ 至少要有两种推荐方法，最好是使用视频推荐和/或者推荐信。

❹ 在后续的网页上列举你的意见书、证书、客户、案例分析和演讲主题等其他东西。但是所有的这一切都附属于需要在主页上看到的价值。在一场演讲开始的前几分钟，客户会决定以后是否需要紧密关注你的主页。

❺ 就是那么简单。

至少到写这本书为止，社交媒体平台一直是用作娱乐和寻找老校友的，而不是用来推销专门服务的。（你会雇用在社交媒体上向你游说的演讲师吗？大多数高层次的购买决策是建立在同行推荐的基础上

---

① 一般情况下，他们可能向你收取演讲费用或提供"免费注册"，但是他们不会支付报酬或者报销你的支出。

的。)

搜索引擎优化(SEO)和在谷歌及相似资源(或为打开市场投资)上播放广告都是在浪费时间和金钱,因为买家不会在互联网上寻找你。此外,你进行出版、接受采访和演讲的次数越多(见这一章后面的市场引力循环),你在搜索引擎上得到的评价自然会越多。不要再为此担心,更不要在这方面花钱。

当然,一些简单的行为也会带来收益。例如,总是使用全名文件(包括你的地址,不要担心想要害你的追踪者会据此找到你,因为他还有其他方法能够找到你),列举简短的促销说明(比如"作为在全球制造业领导力方面最好的演讲师——芝加哥论坛")和关于你的网站、博客、时讯报道的信息或者其他资料。

如果你擅长组建团队,那么创建一个鼓舞人心的电子时讯报道吧,它会帮你提高名气。①

人们向我抱怨说:"现在的时讯报道这么多,我的时讯报道岂不会被淹没了?"是的,如果你的观点不够新颖,你的时讯报道就会被淹没。因为有人读,所以才有这么多的时讯报道。(有竞争的地方就有机会,这是汉堡王在麦当劳对面开设大量的汉堡销售点的原因。)竞争开辟市场,而不限制市场。

拉一张列表,不管最初有多少内容,要创造一份在线的内容连贯的时讯报道。如果你的列表在增加,那么考虑做一个列表服务器吧,因为它允许使用自动订阅、取消、修改以及简单粘贴等操作。②

如果社交媒体平台在大多数情况下被用作非正式谈话(也可能是为了消磨时间),那么博客就是其他的东西了。在我写这本书的时候,全世界共有2亿个博客,其中99%的博客都很差,内容随意、缺乏独创性、公开抄袭、文理不通,还有露骨的自我推销等。甚至很多内容都没有说明其出处,还有很多只是借机做广告。

---

① 一般来说,你可以给一个时讯报道的标题注册商标或者服务标志,你也可以用一个国际标准期刊编号(和书号差不多)来保护它,并且需要在 http://www.issn.org 进一步认证。

② 例如,我用的 databack.com,每封邮件收费 29 美元,现在我有 1 万多个订购人。

你甚至可以使用书面教材、音频和视频,并定期发帖(例如:至少每周三次,但是有很多博客几个月都不更新),并以此为跳板向人们推荐你的业务和结果。买家偶尔会关注那些以他们利益领域为中心的博客(比如:《隔壁的策略家》)。你可以在 www.contrarianconsulting.com 上看到我的博客很活跃。

把互联网当作你推销的一个方面,但是不要认为它适用于所有人。如果你明白我的意思,会明白其实大部分最推崇互联网推销的人都是通过销售互联网市场服务来赚钱的。

和演讲机构合作(或者不合作),不要成为雇佣工

在演讲业中赚取财富的关键是要聪明地工作,而不是努力地工作,我的意思是你需要检查自己的基本看法、判断力、观点以及从事这一行业固有的方式,因为有一些是不准确的,有一些是完全错误的。这是因为演讲业中提意见的人(和为此收费的人)要比优秀的演讲师多。

人们上一次看到能发挥影响作用的训练指导就是运动教练了,意思是很多的运动员都是由一个杰出的教练创造的。平庸的教练只能教出一群平庸的运动员。但是,大量的优秀教练培养出大量的普通运动员在任何情况下都是不合理的和讲不通的。相对来说,在这个世界上还有一些优秀的演讲师(否则报酬的竞争会使价格一直走低,我在前一章中按照价值来收费的建议也只能是空谈),这让我相信大批教练也不是那么受欢迎。

一个让资深演讲师深受其害的最糟糕的观点是:与演讲师机构之间的关系是强制的,而且这种关系由演讲师机构来控制,因此这些机构对它代表的人很挑剔。下面是一些与演讲机构的关系有关的实际情况,它们适用于我们所有人,不管我们是从来都没有被邀请,从来没

被选中和他们合作，偶尔和他们合作，还是通过他们得到了所有的演讲(这种情况非常少见)。

1. 5个事实挑战你对培训机构的假想

事实1：机构不能没有演讲师，反过来却没关系

我曾经与一个保险公司合作过，它的管理人员跟我强调说那些独立的代理是他们的客户。

"那些买保险的是什么人？"我问。

"哦，他们也是我们的客户。"管理人马上做出让步。

"那么，如果没有代理，只有潜在的客户，你们还能销售保险吗？"我进一步问道。

"当然可以，目前我们30%的时间是用来直接向客户做销售。"

"如果没有潜在客户只有代理，你还能销售保险吗？"

"当然不可能了。"

由于我要继续与客户创建长期关系，因此我回答道："我认为你对谁是你们的客户、什么是你的销售和经销方式还不够了解。"

我知道谁为了价值给我支付报酬，其不是演讲机构。如果没有像演讲机构这样的组织，我们可以做演讲，但是如果没有像演讲师这样的人，演讲机构就无法存在。因此，这是一种相互合作的关系，在这种关系中，由于演讲机构向你提供价值，从而得以通过从客户给你的报酬中赚取佣金。

> 客户是你的，而不是演讲机构的，你才是天才。演讲机构只不过是经纪人，它最好给你提供增加的价值。

我给很多演讲机构的主席和业主做过演讲，大概有1/4的人不加掩饰地认为，演讲师是他们生命中最大的麻烦，如果没有演讲师，他们的工作会非常好。他们把寻求他们代理的演讲师看作雇佣工，把希望被代理的演讲师当作逐门推销的骗子，他们的电话得不到回复，递交的教材不被认可。

如果你是为了事业而奋斗的新人，是买家直接接触的资深演讲师，请远离所有演讲机构，因为他们不会把你当作有价值的天才合伙人。不要接受拿着你的钱还粗鲁地接待和污辱你的人，你要对他说不。你为什么要接受拿你的钱去给你做推销的人的污辱？

事实 2：25% 的佣金里没有奇迹

佣金的标准收费是演讲师报酬的 25%。虽然一些演讲师因为要付佣金而增加演讲收费，并且他们收到这部分钱后会因为要支付佣金而在报酬里将其减掉，但是这不是一个好做法。① 一些演讲机构试图收取 30%、甚至更多的佣金。为了得到你报酬的 1/3，他们会到你家擦玻璃。佣金的数量可以商量。例如，如果一个演讲机构把你的名字介绍给一个潜在的客户，根据客户的特殊需求与你一起开发演讲并代表你完成销售，那么佣金的金额应该相当可观，因为这项业务可能不是仅凭你自己的工作能得到的那种关系。相反，如果演讲机构只是给你一个联系人的名字，建议你给他或者她打电话直接销售，那么演讲机构只是提供了一种简单服务，一种价值少得可怜的服务，因为你必须要替演讲机构做本该他们去做的大部分的营销工作。

如果你因为某种原因被要求减少报酬（例如，一个非营利性机构、预算紧缩的好客户、只需要在本地出差的演讲），必须要问演讲机构会减少多少佣金。

我在给一个有 20 名员工的当地保险总代理做演讲时减少了报酬。那是一次 1 小时的演讲，演讲地离我家只有 10 分钟的路程，而且该代理承诺把我的教材和证书转给他的总部。在总部，他是大地区会议委员。当然，不久以后，在他的推荐下我以全额报酬得到雇佣，他们公司要求在华盛顿的独家办事处把合同发给我。除了给我发合同以外，华盛顿的办事处什么都没有做，居然还想得到我报酬的 25%。

事实 3：演讲机构的客户是付钱的人

我对那些演讲机构声称的"我们的客户是寻找演讲师的企业"

---

①这是因为你永远不会把推销成本转嫁给客户，并且如果你的客户（或者那些听说过这些的客户）发现你根据销售完成情况来对相同价值的演讲采用两种不同的收费时，他们就不会相信你。

这样的大话极度反感。买家不会给演讲机构付钱(虽然那是存放定金支票的地方),你用你的报酬来给演讲机构付款,所以佣金来源于演讲师。

因此,演讲机构坚持你不与买家进行直接交流,这对买家没有作用,因为你必须调查买家的需要,并和负责会议结果的人建立关系,这不能通过中间人来完成。你和演讲机构的关系必须是合作关系,而不是你对其承担义务。你的教材不必完全面向演讲机构。[①] 但是如果演讲机构认为你和买家联系会导致排斥演讲机构和不符合职业道德的交易发生,那么用来建立合作的信任也就不存在了。

大多数的演讲机构会收取 25% 的定金以保证演讲如期进行,演讲结束后定金成为佣金,剩余部分会在演讲的时候付给你。但是一些演讲机构会要求 50% 的定金(不错的想法),代你保管全款直到演讲开始(这是多么可笑的想法)。余款应该马上转给你,而不是由他们保管。我听说一些演讲机构在收到全款后试图将其保管到演讲结束。有一天,在我给一个演讲机构就职业道德做演讲时,我问为什么会有人容忍别人保管他或者她的钱。

"你不明白,"一个机构业主自负地说,"我们怎么知道演讲师会不会真的出现?我们必须要有一些保证。"

他的一些同事小声表示赞同,我问,"那么我怎么知道你们这个机构在 6 个月的时间里会一直在这里?我的保证是什么?"

没有人回答这个问题。

事实 4:如果你允许,演讲机构会控制认知

有买家真正想看到和评价的事实,就有演讲机构希望他们看到和评价的观点。从我们前面的讨论来看,请记住你应该努力和经济型买家建立关系,而演讲机构倾向于和会议策划人建立关系。

因此,有一个成熟的理论是这样说的,如果有人考虑给演讲师提

[①] 给演讲机构提供不带你的地址、电话或者联系方式的文学作品、录像带、工作手册和其他教材,这是一个惯例,这样演讲机构可以保证所有客户的联系方式只有演讲机构知道。换句话说,演讲机构既不相信你,也不相信客户。

供工作机会,那么演讲师必须提供演示视频,但是我和演讲机构合作了很多年也没有像其他成功的演讲师那样的视频。然而视频对会议策划人决定是否取消演讲资格很有用。对会议策划人来说,看不足3分钟的录像就决定演讲师的"外貌"或者"风格"是否能接受,是一件很简单的事情。视频越来越普遍,越来越相似,这是因为很多"教练"给大家创造的都是一样的模样,会议策划人把它们像商品一样比较,不需要考虑实质和内容就能做出选择。(我现在用的视频并不完美,其是由包含听众反应的两小时现场专题演讲组成的,因为我希望人们能看到我在演讲,而不希望我被看成是一个狡猾的推销员。)

演讲机构也喜欢"展示",他们要求演讲师当着十几个会议策划人的面做试演讲。我认为这很讨厌,因为我必须给演讲机构的推销开支做赞助,和错误的买家见面,并和其他的竞争者同时演讲,所有的一切营造出一种商品化的氛围。

听众会很快失去兴趣。你在台上有8分钟的时间,如果你不能最先出场,没有人会专心听你的演讲。

如果你赚的钱不够支付每月的账单,演讲机构不会给你任何东西帮助你渡过难关。听听他们对市场的意见,但是你要自己决定怎样被发现,你特有的增加的价值是什么,以及你应该怎样建立与客户的关系。

事实5:有好的演讲机构,就有糟糕的演讲机构

如果你想与最好的演讲机构合作(我在网站上列举了一些),去问那些经常和他们合作的演讲师吧。有一些是我指引人们去的,另外一些是我引导大家避开的。不要相信演讲机构唯一关心的是演讲品质。那些小有名气的演讲机构的人认为,演讲师应该跪在他们面前乞求与他们合作。一位演讲机构的女士对我说我应该更改一下名片,改成她喜欢看到的内容,但是我的名片已经表明,我从事的是带给我七位数收入的行业。

"我永远也不会那么做的。"我说。

"那么你永远也不能与我合作。"她高傲地说。

"那又能怎么样？"我问道。

不幸的是，有很多人以演讲机构的人自居，其实他们只是一些不务正业的人。很多演讲师做同样的事，不同的是，演讲机构需要把你报酬的 25% 作为推销你的回报，如果我没有漏掉东西，这意味着演讲机构必须要有除了电话和邮箱以外的推销资源。一个演讲组织必须要有员工来游说客户、发掘企业，还要有可以给磁带和书面教材备份的设备、精密的交流媒体、计算机、固定的业务联系、一群成功而开心的演讲师，以及容易识别的满意度高的客户群。

要求演讲机构给予推荐没有错，但是演讲机构应向买家提供演讲师的名字，同时演讲师应该通过演讲机构得到买家的名单。在有人有意雇用你的时候，难道你不该提供推荐吗？

在早期阶段，演讲机构给我安排的业务是我工作量的 80%，但是近几年变少了，只占到了 5%。演讲机构是一个强大的市场杠杆，或者说是榨干你的时间和收入的排水器。不管他们是什么，你要控制整个过程。

为了说明这一问题的两面性，在下面的列表中你会发现为了建立一种良好关系你必须要做的事情。公平地说，如果一个演讲机构想为你提供专业的代理，还需要做一些事情。

2. 与演讲机构成功建立关系必须做的事情：演讲师必备的条件

下面是我的一些个人准则，我使用这些准则与演讲机构成功地建立合作关系。如果你不能为了你的最佳利益而维护这一关系，那么"预设"值毫无价值。

① 与演讲机构拥有人建立关系。其他人可能会给你定位、为你推销，但是你只能通过和负责人合作才能判断演讲机构的价值是否与你的价值相匹配。

② 要求并取得推荐，并获得演讲机构实际的推销材料。不要接受表面意义的要求。一定要确定其推销材料的品质能否完全代表你。

③ 把你的身份局限于用来推销你的材料和文学作品。如果演讲

机构不信任你，就不要与它纠缠。

❹ 避免投资强制性合作营销。只要你能挑能选，采用列表、展示柜、陈列品等推荐选项都很好、很有价值。但是很多演讲机构想从演讲师身上赚钱，而不是为演讲师赚钱。

❺ 当需要直接、提早与潜在客户交流，以便决定怎样有助于完成业务（恰巧能用上你的技巧）时，要明确说明你要直接、提早与潜在客户交流。

❻ 给演讲机构留言时，应该要求在当天得到答复（或者第二天早上）。你有权利得到专业的反应。

❼ 演讲机构要尽快审慎管理"掌控"，如果认为业务无法完成，则需要从你的日程表将该项业务取消。

❽ 确保除了演讲机构的佣金以外的所有费用都要在支付方收到发票时直接付给你，并且由客户直接报销你的费用。

❾ 在有衍生业务、多重预定、辅助咨询工作，和可能减少佣金的其他相关情况下，要求对佣金进行灵活调整。

❿ 避免签订过于限制你的权利的协定。只有选择多家演讲机构给你做代理，才能保证你自身的灵活性，找到你的最佳交易方式。

3. 与演讲机构建立正确的关系：满足演讲机构的合理需求

优秀的演讲机构都会对演讲师提出必须遵守的合理要求，演讲师特别需要与演讲机构建立一种相互信任的关系。一个大的交易必须把道德标准和专业能力作为基础保证，不幸的是，在这方面的要求往往得不到充分满足。

❶ 诚实地对待自己的能力。如果不能给客户提供良好的服务，就不要接受任务。要使自己的能力超出客户的期待。演讲机构的名誉是它主要的财产。

❷ 要有独创性。不要使用别人的教材和过时的大众故事。雇用演讲师的客户通常马上就能发现这一点。

❸ 早到晚走。让现场协调人知道你已经到了，并且不要在掌声

还未停止时就匆忙离开。避免过于紧密的对接，不要在最后一分钟到达工作场地。

❹ 诚实地对待发生的问题。如果出现问题，不管是技术方面的、个人关系方面的，还是后勤支援方面的，要及时告诉演讲机构。

❺ 让你的教材保持新颖和专业。提供同时代的证明书、高品质的论文和有效的讲义。

❻ 加入能够实现双赢的联合营销。它可以让你的名字出现在一封特殊邮件中，或者可以创建你的演讲语音邮件样本。总之，你的名字应该出现在营销之中。

❼ 只要客户有需要，就马上与潜在客户交流协商。好的演讲机构单凭演讲师的几句话就能与客户达成交易。不要让买家等待。

❽ 把其他优秀的演讲师推荐给演讲机构。这是一个非零和游戏。演讲机构获得的成功越多，它为你的业务获得的投资也就越多。

❾ 小心发展衍生业务（在演讲机构的安排下获得的业务或完成的交易）。这是一个契约性任务，而且应该符合道德要求。

❿ 保持收费原则的一致性（尽管收费结构可能多种多样）。如果预定收费有所提高，请向客户提供详细的预先通知。

总而言之，演讲机构应该只是你营销体系的一小部分。

行业协会：赚钱和营销同时进行

当你在一个行业协会做演讲时，行业协会的某个客观的第三方明显或者含蓄地认可了你。大多数情况下，你会在那里获得雇佣，这意味着你在赚钱的同时也在推销你自己，并且你会被认为是一个十分有价值的人。

下面是我对通过赞助人和第三方进行高度杠杆化营销的几点看法。最有价值的、潜在的第三方赞助人可能具有以下特点:
- 给演讲师支付正常的全额报酬;
- 听众中包含为你服务的重要买家;
- 听众群很大;
- 演讲是有威信的,赞助人也很受尊重;
- 日程表上还有其他"吸引人的东西";
- 你有一场大会而不是一场论文发表会;
- 你可以在演讲时出售产品和服务。

正如你所看到的,地方非营利性组织可能需要一些明智的建议和专业的讲台技巧,而通常听众中只会有推荐人。但是在国家行业协会会议上,我要求的所有条件都能实现。

1. 第三方赞助等级表

国家行业协会
- 健康产业经销协会
- 国际财务策划师协会
- 美国银行家协会

地方和地区行业协会(或者分会)
- 明尼阿波利斯人员协会
- 美国建筑师学会休斯顿分会
- 田纳西休闲设施协会

管理扩展项目
- 大学、专科学院、大专
- 私人项目(学习连线)
- 政府支持项目(小型商业经营)

地方非营利性商业组织
- 扶轮社地方分社
- 商会
- 商业改进局

地方非营利性社区组织
- 退伍士兵俱乐部
- 青年组织
- 家长联盟

我的等级表不是一个单一的线形增长图。我继续在地方非营利组织和等级表的各个层面里演讲。尽管我已经到达了顶点，但是我还要继续在那里定期进行演讲。如果你到达了顶点，你会做什么？

一般而言，行业协会资金充足。他们经常会有一个比他或者她的私营对手强大得多的会议策划人，因为行业协会存在的目的就是要培养它的成员，因此讨论会和大会是向其会员展示他们的会费和义务相当有价值的地方。你可能会与协会的行政主管或者与会议策划人打交道。不要让任何人愚弄你。在不多给报酬的情况下，行业协会给的报酬和私营部门会议是一样的。①

下面是向行业协会成功推销和对其成员成功发表演讲的 12 条忠告，有了这 12 条忠告，你就能从参加人那里得到大量的业务。

2. 进入行业协会市场的12条忠告

① **先与成员交流。** 了解他们关心的事情和问题。如果你将全国音乐交易商协会作为目标，那么应该先拜访一些地方成员的零售店，并与业主开展交流。

② **展示特有的非商业化的观点。** 这些讨论会充斥着满腹学科知识的演讲师，他们通常十分乏味。他们熟知这一领域，但是会引进你的新颖的和非商业化的观点。你的价值存在于世界级的顶尖行业中。

③ **建立智能化档案。** 使用普通商务读物、互联网和参考资料，并建立有关这一行业优点、缺点、过去、现在和将来的"档案"。

---

① 向你推荐一个非常重要的客户资源，即国家贸易和行业协会 (National Trade and Professional Associations of the united States，简称 NTPA)，在网站上能找到其具体的联系方式。他们一年出版一次协会刊物，其中包含所有的行业协会及其主席、预算、会议地址、会议主题、成员和其他重要信息。每个演讲师都有这些刊物 (http://www.columbia books.com)。

④ **把你的方法定位在未来**。行业协会成员非常渴望了解时代的转变,特别是不稳定的行业(例如保健、无线通信和旅游行业)。不要告诉他们已经知道的东西。

⑤ **要有挑战性**。不要害怕特立独行。给人们一些话题来讨论。你希望你的名字能在大厅里被提及。(一个协会管理人员冲过来告诉我,"你在女士中很受欢迎!"你永远也不知道买家在这一行业中使用的个人判断标准。)

> 告诉人们在未来获取成功需要知道的东西,而不要回想过去或者活在当下。

⑥ **创造与这一行业有关的可视教具和宣传资料**。你不需要创造一次全新的演讲,但是应该借用一些例子、故事、轶事、可视教具和涵盖这一行业的宣传资料(如果你能用得到)。这些有助于学习,并且可以大大地增加衍生行业出现的可能性。

⑦ **让听众知道你已经做过作业了**。我几乎每次都会在我的演说段落中加入一些片段,在这些片段里我会说:"在这次会议中我随机挑选了几位听众,并询问他们给那些开展新的业务的人提过什么样的建议。超过80%的人说,'节约你的钱!'"

⑧ **创造一份为会议专门制作的宣传资料**。它可以是一张纸、幻灯片的副本或者你的演讲的详细补充资料。让它成为参加者想要保留的东西。把会议日期和演讲主题写在封面上。另外,把你的名字和联系方式写在每一页纸上(以防回家后只复印或传阅单一的一张纸)。

⑨ **要求在多次会议上发表演讲**。即使是高薪的资深演讲师业,也很愿意这样做。例如,在一些像并行会话(即同时进行的会话)这样更加私密的情形下,协会喜欢提供专题演讲师。如果你被连续雇用三次而不是三次雇用不同的演讲师,那么协会节省了开支,你还能赚到更多的收入。

⑩ **充分利用你在行业协会公开露面的机会**。把行业协会的宣传、证明、出席日期和采访等全部放到你的媒体资料库里。行业协会演讲，正如你所看到的，是一种有些专业的技巧。如果你已经熟练掌握了部分技巧，其会给你机会接触越来越多的协会。

⑪ **把演讲录下来**。很多大型会议都会使用投影仪，这类设备能自动为你录像。如果没有这样的设备，询问服务机构或者主办方能否把你的演讲录下来。最坏的情况是你自己付钱来做。（比如，获取专业意见、使用两台照相机、避免使用时效性参考资料和行头等。）你可以用其来做推销、产品销售、自我提高及其他目的。

⑫ **与董事会见面**。与董事会面谈，或者如果他们出席演讲，则在现场与他们会面。因为几乎每一个专业协会的成员都是业主或者管理人，他们都有可能是你潜在的买家。要求他们对你的演讲发表评论和/或者听取他们的意见，不管做什么，你都要确定你建立了一种演讲结束后可以继续维持的关系。

对新入行和资深演讲师来讲，行业协会是理想的收入来源。用宣传资料、演示录像（如果有的话）、第三方引荐（如果你能找到）、跟进电话以及所有你为改善成员状况所能做的事情去赢取执行董事的认可。要求为协会出版物做专访或者投稿。这些都是丰富的演讲财富宝库。

出版地点和方式

如果你想在演讲业获得巨大的成功，那么你必须在刊物上发表文章。在主要媒体上发表的文章有以下作用：

- 提高你的知名度和信誉；
- 给你的媒体资料库提供可靠的内容；
- 强迫自己不断创造新观点，验证旧观点；

- 借用名气得到更多的发行机会；
- 提供接触其他媒体的机会（无线电广播、电视、互联网）；
- 创造领导定位；
- 为你的会议提供宣传资料；
- 为未来的出版物建立基础；
- 为未来的产品建立基础；
- 把知识资本转化为知识财产。

如果你从没发表过作品，那么使用图5.1的"阶梯"技巧吧！它从社区周报的当地专栏开始发展为当地日报(*Podunk Pendulum*)、地区日报(*Hartford Courant*)、州杂志(*Rhode Island Monthly*)、国家出版物(*Bottom Line*)和"媒体记录"(*New York Times*、*Wall Street Journal*)。换句话说，充分利用你做过的事情和积累的工作经验，从最初发表单篇服务论文，逐步发展成为销售量第一的刊物的专栏撰稿人和书籍出版者。①

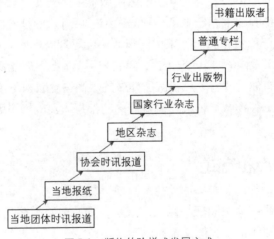

图5.1 版物的阶梯式发展方式

---

① 参考网站上的资料和观点。

1. 怎样发表一篇文章

❶ 确定你要写的主题。
- 为什么你是对这一主题发表意见的人？
- 这一主题会如何扩展你的业务和提高你的名誉和身份？
- 为什么这一主题在现在(和接下来的几个月)是重要的？

不要害怕特立独行。这个世界不需要有另外一个人与你相似，如"像用左脑对抗右脑那样进行思考"或者使用"质量管理的7个方法"。

❷ 确定你想在哪里发表文章。
- 谁是你的听众，书的内容是什么？
- 不要害怕询问你的听众。
- 你最可能在哪些地方获得成功？
- 研究出版物，学习他们的风格。

我从未在《时代》上发表过文章，直到我意识到文章正是他们需要出版的才寄给他们。

❸ 准备一份专业问卷。
- 将其寄给特定的编辑。
- 详细说明内容、原因、例子、特点、长度和发布时间。
- 要求规范。
- 如果你递交的是复印件，请附上回邮信封。[①]
- 列举资信文件——你自己的和作品的。

做这一步时要比创造文章更加认真。

❹ 像一位专家那样来写它。
- 使用具体的例子、名字和场所。
- 由你自己来创作，但是要征询意见，听取批评。
- 按照规格要求来写。
- 确定你在结尾时使用了自传体资料。
- 索取免费重印、转载或者修订重印折扣的许可。

[①] 带地址、邮票的信封。实际上递交复印件能避开"扎堆的"邮件，让你得到更多的关注。

- 不要自己推销，让作品为你推销。
- 如果没有被接受：重新递交、重新递交、重新递交、重新递交、重新递交。

把以前的文章当作写新文章的证书。

2. 其他意见

不要写得太多。写那些在你大脑中存在的东西，不要受其他小说的干扰。你在编辑的时候会发现这篇文章实在太优秀了。说明你借用的资料的出处，但是不要使用不相干的参考资料，以免读者眼花缭乱。既要有批评的内容，又要有分析的内容。在用新方式来看待事物和机会方面，读者的回应是最大的挑战和良好的反应。在有疑问的时候，请开始新的一段；在适当的时候使用图解，尽量使用隐喻和比喻。

告诉人们他们需要知道的东西，而不是告诉他们你知道的所有东西。

> 发行作品的简单规则是：首先要有话要说。

最大的争论是是否要自己出版书。我自己做过出版，也做过商业性出版。我的标准很简单，只要在下列情况下，就应该自己出版：

- 你希望以最高的利润销售产品；
- 你希望给你的培训会议提供宣传资料；
- 你有一个界限明确的特定产品和服务的利基市场；
- 你有一个十分强大的和吸引读者的主题；
- 你想利用一个时效事件或者窗口。

在下列情况下，通过知名的出版商来出版：

- 你希望得到客户最大的信任（特别是客户是公司时）；
- 你想提高作为权威人士的可信度；
- 你想得到最多的分销渠道；
- 你想把做外事翻译的机会最大化。

有时候，一本商业出版的书会带给你巨大的版税；有时候自己出版的书会给你带来信誉，但不总是这样。请注意，自我抚慰不在列表上。有些商业出版的书质量较差，大多数自己出版的书都很糟糕。只有当你能驾驶一辆车时，你才能成为司机；只有别人投资出版你的作品时，你才能成为作家。

永远不要给一个方案的大纲投资，因为在书中有一章充斥着名人，是给其他人写的。这些显而易见，并且只为那些组织这一"机会"的人创造财富。

残酷吗？是的。现实吗？也对。

如果你已经到达阶梯的顶端，那么看一下我是如何使用商业规律出版一本书的。在你有一长串文章和专栏来支持图书出版时，出版就会简单一些，但这不是必要条件。最重要的是让出版商(或者你的代理)相信你的书能卖。做好你的功课是实现这一目标的唯一办法，因为编辑没有时间或者不想替你做。第一次做出版有些难度，但是只要方法系统并明确，第一次出版要比人们想象的简单得多。[①] 应该按照下面的方法来做。

3. 怎样出版一本书

❶ 确定你必须要说的是什么。
- ▶ 来自你的教育、经验、培训或者环境的特殊专业知识。
- ▶ 别人不具备的、把不同的事情"聚在一起"的能力。
- ▶ 你的观点、观念、理论和创新。
- ▶ 与客户的合作。

❷ 确定哪个出版商会认同你。
- ▶ 了解他们已经出版的印刷品。
- ▶ 学习他们的规范。
- ▶ 咨询业内人士。

不要为了虚荣心出版或者自己出版，那样既浪费时间，又没人注意，除非你用以前的标准，并且他们适用于你。

❸ 为出版商的(或者代理的)书评准备评述。

[①] 和普通的观点相反，文学代理人对做第一次出版的作家来说是非常有帮助的。有些代理人甚至专攻演讲业。请登录网址 http://www.summitconsulting.com 进行查阅。

- 为什么是你？
- 为什么是这个主题？
- 为什么这一主题用这种方式来表达？
- 什么样的竞争作品到目前还存在，为什么是你需要的作品？
- 听众是谁？
- 手稿什么时候能够完成？
- 它的特点是什么？（例如：批准、自我检测等）
- 提供序言、至少一章、表格内容、目录和其他章节的摘要。

如果你不能将其卖给出版商，那么你永远也无法将其卖给读者。

❹ 当作支持意见来写。

- 邀请客户和/或备受尊敬的权威人士来投稿。
- 使用精美的字体和格式。
- 不要使用"代笔者"。如果别人写你的作品，大家为什么还需要你？
- 永远都要考虑读者的观点。
- 制订写作计划，就像你做其他计划一样。
- 让你信任的人做书评、批评和建议。
- 永远把不是你的东西归类出来。
- 使其保持"未来的趋势"——记住它要在你投稿一年后才会出版。

出版物代表了你的价值。你会为自己的作品自豪吗？

4. 其他一些意见

不要泄气，坚持投稿，并找出你被拒绝的原因。记住，一本成功的商业图书大概会售出 7 500 本。不要期望能在下个周一上奥普拉（美国 20 世纪 50 年代著名电视主持人）的访谈节目。最后要仔细阅读合同，因为合同详细说明了作家的分成和折扣、计划好的推销方案和由你产生的费用等。例如，你经常会通过谈判把索引的费用从由你承担转为由出版商承担。让你的律师来做所有的这些事情吧！

首先，出版会需要你投入大量的时间，不过你总能挤出这些时间。

一旦你进入这一领域,就会发现出版越来越简单,这是因为你的技巧在提升,信誉在提高。

阶梯理论保证你既能像作家一样成长,又能通过反复出版为有限的听众不断捕捉成功。

营销的时代精神:市场引力循环

我发现这一行业里真正有才能的市场营销人员不会用众所周知的"步枪射击"的推销方法。我想你应该不会以一个特定的营销机会为目标,并单单以其为中心。让你的经验慢慢提升,宽阔可视,这样几年后你会不断出现在公众的视野里。

不要成为数字方式的牺牲品。人们问我在我的网站上有多少"点击量",我告诉他们我不关心这些事,而且我是认真的。我只需要一次点击,一次可以让我得到另外一个价值2.5万美元演讲机会的点击。我不关心我的各类表格会给我带来多少媒体采访,因为我只需要一次驱使买家致电咨询地区专题演讲的访问。

也许你不能满足每个人的需要,但是我认为我可以满足很多人的需求;就像不要把你的职业专业化一样,不要把你的营销专业化。使用平面媒体、公益活动、互联网、邮件、演讲师机构、时讯报道、出版、行业协会、赞助商和产品等推销方式,并在时间和资源允许的情况下让其他的方式保持活跃和有效。

> 当买家接近你的时候,没有必要提供证明或者为你的名誉辩解,报酬也不再是问题!

小心成功的陷阱,在这些陷阱里你过去的成功会把你困在不断重复和平庸的现实沼泽中。我在互联网上卖过文章、演讲、书、下载资料和我的私人指导服务。我每年创造价值超过200万美元的时讯报道、高端研讨会、高端讲习班和多种经验,但是去年我的收入的75%来源于三年前我就不再做的项目。我既做商业出版,也做个人出版,以满足我的各种目标。

跳进你能发现的最大的池塘,并立志成为被周围环境所能接纳的最大的一条鱼。避开那些试图转移你注意力的鱼钩和诱惑。观察更大的鱼,但是不要追随他们。寻找他们寻找的东西,但是要用你自己的方法和措施。

市场引力是我对吸引买家做的隐喻(见图5.2)。一些引力是积极的,另外一些是消极的。

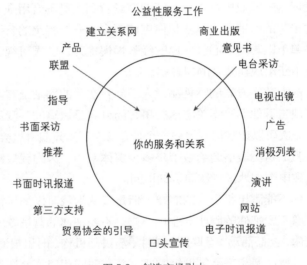

图 5.2　创造市场引力

并不是所有的方式都是你擅长的。首先以那些最容易做的形式为中心,因为他们较为简单。(当我被解雇并自己创业的时候,我集中精力于我喜欢的演讲、写作,并试图逃避我讨厌的关系网网络。)

下面是对市场引力的简单介绍(没有特定的顺序)。一个新入行的演讲师至少应该拥有 4 种方式,一个资深演讲师至少要有 12 种。

❶ **推荐。** 推荐是这一行业的白金标准。然而当有人需要"能进行卓越销售培训的优秀演讲师"时,把你的名字冠以这一职位是一件好事。这总比他们说"我是从在 ACME 工作的好

朋友那里听说这个的,我要见简·马汀"要好。

❷ **商业出版书籍**。[①]很多雇用过我的人从来没有读过一本将他们吸引到我这里的书,没关系,我不会在第 8 章里对他们进行测试。但是他们见过"战略""哈珀·科林斯"和我的名字,这就够了。(例如杰夫·赫尔曼的作品《怎样写一篇成功的出版申请》。)

❸ **书面采访**。你会在每周日的《纽约时报》和连续几天的《华尔街日报》上看到"参加导师计划"引用的文章。他们是以接触记者和确保记者能接触到他们为中心。(两个不错的资源是,允许每天发布新闻的 expertclick.com 和你可以在上面整理每天收到的新闻咨询的 PRLeads.com。被两者提一下名字,会使你得到更多的关注。)

❹ **文章**。确定你的买家会读什么样的刊物,并努力在上面发表你的文章。有时候具有针对性的时讯报道要好过专业杂志,但是它无法与大众杂志相媲美。(《作家的市场》列举了所有带国际标准图书编号或者国际标准期刊号的出版物。你也能在大多数的图书馆里找到《定期文学指南》。)

❺ **专栏**。如果你成功地发表了文章,那么寻求定期发表专栏文章的机会吧!

❻ **建立关系网**。不要简单地收集名片。要找到主要的买家和推荐人,开始建立联系,向他们提供有价值的东西,并进行跟进工作。记住作者建立关系网的法则:有付出才有回报!(如果你发现一个可以将你推荐给其客户的人事主管,你应该主动将其推荐给那些需要雇用高级经理的人。)

❼ **公益性服务工作**。如果你发现了一个你认为就在你周围的机会,那么主动要求为一个委员会或者特别小组提供服务(或

[①] 正如我在其他地方提到的那样,个人出版是有其用处的,我做商业出版,也做个人出版。但是为了得到集团买家的认可,你需要有一本由大型出版商出版的书,而不是那些没有实力的媒体或者别人作品中的一个章节。

者，如果有可能，自愿为董事会提供服务）。你会发现你会被那些重要的买家、推荐人和有影响力的人所包围，他们一定会成为你志愿工作的同行。请在做好工作的同时培养这些关系。

⑧ **时讯报道**。人们向我抱怨时讯报道太多，那是因为他们不明白竞争的发展过程。时讯报道之所以这么多，是因为有人在读时讯报道。（记住尤吉·贝拉的格言："没有人会再去那里，人太多了。"）竞争开辟市场。时讯报道的主要特点是简洁（内容仅需一屏即可显示完整）、一致（每个月的同一时间出版）和多样化（一些简短的报道，而不是一篇"要么接受它，要么离开它"的报道）。

⑨ **行业贸易协会的领导力**。在我（不情愿地）同意接受新英格兰演讲协会主席这一职位时，我的报酬大约是 25 万美元。这是因为一旦成为一位耀眼的领导，你就是那个接受采访、参加评判小组和协调倡议等活动的人。组建一个优良的小组，这样你就能分配工作，并把劳动强度降到最低。

⑩ **博客**。到我写本书为止，世界上一共有 20 亿个博客，他们当中的大多数差得难以想象，几乎不能阅读，那些优秀的博客则能提供积极的观点、争议和知识财产，并为读者提供实际的帮助。找一个技术专家来管理你的博客，确定你用文字、音频和视频来使这一媒介的作用最大化。（为你的视频走向 YouTube，音频走向 iTunes 等做准备。给你博客上所有的东西建立档案。）

⑪ **取得联系**。和行业协会的执行理事定期联系，并不断为听众/会员提供价值。理想的做法是提供一个演示视频。（例如，可以借助国家行业和职业协会，如果你告诉他们是我派你去的，他们会提供折扣，至少在我写这篇文章的时候会。）

⑫ **广播媒体采访**。现在接受电台和电视采访已经简单多了（特别是有其他合适的引力的时候，例如，一本新书）。你可以

把它录下来，进行营销汇编，然后把它放在你的网站上，等等。（例如，电视和电台记者做采访报道，相当于间接给你的广告撰稿。）

⑬ **社区服务**。这和公益活动差不多，但它是向计划董事会、学校、委员会、公园委员会等组织提供的服务。你会发现你经常出现在新闻报道里，还有人会讨论你的背景。

我来总结一下那些没有用的，更糟糕的是，浪费你的时间、金钱和名誉的方式。

① **花钱主持一场电台秀**。这是一些吸引演讲师的骗局，你通常会花钱游说那些有太多担心的人，同时还会用广告来做宣传。这些骗局不可理喻。（花钱和那些老掉牙的名人参加专题广告片足以让大家认为你精神失常。只有你雇来进行这场滑稽表演的人从中挣到了钱。）

② **主持你自己的电视节目**。这些节目里有伪造的植物、俗气的背景、摇晃的桌子和向沙鼠的历史致以四级敬礼的制片效果。当一个我从未听说过的人告诉我他或者她是"电视节目主持人"时，我经常会感到脸红。

③ **演讲机构安排的演讲师"展示柜"**。没有一个人是买家，没有一个人会关注你，除了那些向你收钱的人，没有人喜欢待在这个尴尬的困境里。这一切被赋予了一个美丽的名字——杂技。

④ **直接邮件和"冷电话"**。每个"专家"都声称他或者她知道如何使用直接邮件和打"冷电话"。我会向大家"介绍"一个不成功但通过教人们如何打冷电话来赚钱的演讲师。你会雇用这样一个演讲师吗？你会从晚上 8:30 打电话并给你特殊优惠的人那里买股票吗？可能性几乎为零。

⑤ **特殊媒体平台**。如果你想找工作，可以推销自己，或者与老朋友保持联系，使用特殊媒体平台没有问题。但是从向集团买家出售演讲服务方面来讲，这是我能想象到的最糟糕的方

法之一。我听一位支持者说,社交媒体能把你所有的信息"放大"。问题是他们把所有的信息"放大"成不连贯的噪声,没有考虑信息的质量或者重要性。

营销与创造需求有关,并且证明你是能够满足这一需求的最佳人选。营销不需要投入人力、资金或者时间。

总结

和电视或者快餐一样,互联网可以是恩惠,也可以是诅咒。所有东西都取决于你怎样来利用它。

把你的网站当作信誉度很高的网站来使用,而不是将其当作销售工具,只有低层次的人和看门人才会通过互联网找人。高层次的买家会利用同行提供的参考或者推荐,然后到你的网站上对你进行深入的了解(确定你是否是一位思想领导人)。停止谈论证书和没人能懂的缩写,开始讨论典型的客户结果吧!

如果你发现你能与演讲机构合作,那么以客户的身份对待他们。和演讲机构的负责人打交道,希望演讲机构会为了25%的佣金(不要多给)而推销你,要求演讲机构在收到资金的同时给你报酬,不能让他代你保管,不要给"视频评论"或者"营销目录"买单。这是演讲机构做业务的成本,不是你的成本。

为了把你成功的机会最大化,用我的市场引力方式吧,从你认为最容易接受的部分开始,然后使用其他部分。这是使你成为焦点的方法。

第 6 章

精 简

> 不要配备员工，除非员工是你走出森林的拐杖

下面是我在演讲师大会上和同事之间的一段一字不差的谈话：

我：你怎么样？看上去不太好。

他：是不太好。去年一年我做了 200 场演讲。

我：这不好吗，是不是应该感到高兴？

他：不是的，去年一年我都没回过家，连衬衫都丢了。

你看，你创造的东西并不重要，重要的是你留下了什么，应该把保存你创造的东西需要花费的时间减少到最低。

财富是自由支配的时间

我的一个最重大的发现就是，财富与在你想做某件事情的时候就能做有关。财富是自由支配的时间。

时间不是一种分配的资源，尽管人们认为是。我们每人每天都有全新的 24 个小时，不管你是富有还是贫穷、年轻还是年老、温和友好还是粗暴好斗。我们按照事情的优先顺序来安排时间。有没有时间与能否按照正确的顺序来安排时间有关。

经营你的演讲事业需要精简。尽管这本书的题目有点给人唯利是

图的感觉，但是你应该明白，金钱只是你生活的燃料。如果你工作够努力、工作时间够长，你把你的收入实现了最大化，那么讽刺的是，在你赚取更多金钱的同时你也在慢慢破坏你的财富。

我随时可以赚取另一美元，但是不可能赚取另外一分钟。

怎样让你的时间被充分利用

自从《咨询顾问的商业思维》(*Million Dollar Consulting*) 在1992年出版以后，大家问我是不是真的没有员工。我们总是听到有人建议新入行的演讲师要有行政助理；还有人告诉我们，如果没有人专门做行政工作，我们就不能成功地推销自己；似乎没有辛勤忙碌的身影伴随着你，产品订单就无法完成。然后，就有了跟进……没有员工确实有些孤单……

因此，如果连既谦虚又成功的演讲师也需要这种支持，那么一项价值七位数字的事业必须需要这种支持。但是，事实是这样吗？我认为情况恰恰相反。

感谢命运让我在高兴地发现我更愿意保留我创造的东西之前没有听到那些建议。从25年前我的妻子第一次问我为什么要考虑在咨询/演讲事业处于发展阶段时租办公室的那时起，我们就一直强烈反对把主席、董事长和首席执行官(所有这些人都由我担任)和副董事长与出纳(由我的妻子担任)之外的其他人的名字写在工资表上。

我老套地认为除非有等量的回报，否则不要冒险经营自己的事业。所以我希望保留我创造的东西，我每年都要保留我创造的88%～90%的东西。我不会供养工资表上的其他人，这是我作为大众的一分子取得的最大的财务成就。

我是怎样做到的？下面是我的主要原则。

❶ **尽量把所有的事情外包**。实际上我有一个巨大的"实体员工"，因为我是按照实际情况来雇人写书、完成订单、回复留言和写信函等。重要的一点是，他们所有人都是按照工作表现来获得报酬的。他们拿到的是在有限期间内对他的特定工作付出的报酬。我确信我不是他们唯一的客户，所以在他们是否

是员工这一问题上不会产生任何疑问，同时他们不能获得福利或提出其他附加福利要求。因此，我能够支付丰厚的报酬，同时可以得到最好的和便利的帮助，以及节省全职员工产生的费用。

❷ **除非必须做，否则什么事情都不要做**。我发现大多数的演讲师和顾问做了太多与客户需求和利益无关的小事。(讽刺的是，其中包括很多"组织和时间管理专家"。) 我要澄清的是，有时为了满足客户的需求，会产生大量的行政和后勤工作。我会大量使用快捷又简单的留言、传真和电子邮件去处理这些事务，并且从来不会因为有人告诉我"每个优秀的专业人士都做这件事"而去按照他们说的去做。我必须要看到客户对我有明确的回报。(例如，我不再使用被认为神圣不可侵犯、受到过分强调的演讲前问卷调查，而是用通常和客户才会进行的讨论来代替麻烦的文书和跟进工作。)

❸ **使用杠杆式技巧**。例如，我从来不会跟进我得到的每条线索。我发放带有免费反馈电话的宣传资料，把反馈者的名字加到我的通讯录里。我发现客户会根据最初联系的情况雇用我(或者最低限度的回复)或者进行最初步的简单接触，也可能不接触。实际上那些在跟进工作上所做的努力从来不会改变这个过程，所以我不再跟进(然而我要确定我是一个很容易就能联系到的人)。此外，我还会对帮我得到各种媒体关注的资源进行投资，因为我希望买家找我，否则，我就不会这样做。从长远来看，这不会耗费我太多的资金，因为我的时间十分宝贵，所以不能把时间花费在寻找潜在客户这种事上。我有一个与众不同的方法，那就是去银行。

❹ **利用技术和非技术方面的捷径与优势**。我可以每分钟盲打60个单词。我对语言的了解足以让我一次性按时写出一封信或者写出报告稿——我从没有打过草稿(这一章的内容是从我的大脑经过键盘直接到达编辑手里的)。我的电话会自动打

给我的客户；我的电脑除了不能给我做饭以外，什么事情都能做。为了随时使用，我把电话放在公文包里。我是现在正在运营的所有航空公司的会员，这使我行动方便灵活。如果你要去挨家挨户串门，就不要绕弯跑到街区里去。

我从来没有建议你不要雇用员工。有很多人因为有努力工作的、忠诚的和全职的员工而获得巨大的成功，我们会马上探讨这些问题。我只是在说，无论你的事业有多大，采取精简和节约（从钱方面着眼）的工作方法也能运转得很好。下次你有招工想法的时候，请考虑一下我的建议。不要企图给员工设置"自动运转"这一目标和工作位置。仔细考虑我的建议，因为你在员工身上的投资只有通过增加的业务才能得到加倍的返还，否则它永远都会是一种浪费。

如果你已经有了员工，请重新考虑一下它的规模和必要性。最近我从同事那里收到一封让人恐惧的邮件，邮件告诉我，他的会计挪用资金，忘记付账单，造成信用问题并且没有跟进重要的业务线索。他的演讲主题是"雇用和留住优秀的员工"。这可不是我编的故事。

按照我的估计，不到 15% 的成功演讲师（也就是那些通过演讲和相关活动来维持他们想要的生活方式的演讲师）会使用全职和领工资的员工。我们这里讨论涉及的员工不包括配偶和其他重要的人，暂时不去考虑使用那些根据表现得到报酬的员工，比如那些只能靠给你出售演讲来赚取佣金的推销员。（我们会在后面部分来讨论因为某个项目或者特殊情况而被雇用的合约人员，我觉得他们不能算是上述所提到的员工。）

员工具备的 5 个重要特点

我们假设你因为目前的业务量、对自身营销能力的了解或者是因为别人都有所以你也想有的想法而雇用员工。下面是一些对员工的要求。

1. 营销技巧

在你不在的时候，你雇用的人至少应该有能力应对打到办公室的电话，也就是应该有能力进行所谓的消极推销：你要知道，只是简单地说"韦斯先生会给你回电话"和说"你觉得什么时候有时间？是什么类型的听众？正好韦斯先生那天有空，他上个月还给这样的听众做过演讲。你需要我在那天给你做'预定'和发详细资料以及简单的合同吗？"之间有很大的区别。

从理论上来讲，你雇用的人必须有过硬的推销技巧和发现客户的能力，能对线索做出反应、打冷电话、确定哪些合同能在没有你的帮助下完成，哪些应该在你的帮助下完成，哪些应该放弃（或者只是写在通讯备忘录里）。你雇用的人必须要有发现真正买家并和真正买家进行沟通的能力。这些被称为电话营销技巧。

2. 行政技巧

你雇用的人必须掌握使用普通的包括创建电脑数据库在内的办公技术；要有熟练的打字技能和职业的电话沟通技能；能处理邮件、完成推销资料制作、履行令人满意的文档申请、完成电子表格制作工作和安排出差计划。我一般喜欢和这样的办公室联系，办公室的电话录音让人感觉比那些活生生的行政助理人员的回答还要专业、有礼貌。如果有人接你的电话，他或者她需要有各方面的能力和技巧，而不仅仅是魅力。

如果你有一个员工，你可以"光顾"一下你自己的办公室或者让你的同事光顾你的办公室巡视一下。通过测试了解推销资料以怎样的速度寄出，业务线索被跟进和传送的速度有多快，如何应对客户的投诉和抱怨，以及处理各项执业信息的一般技能。我告诉过一个老练的演讲师，说他的行政助理不知道他的演讲主题和背景，他感到很吃惊，事实上他从未教过她或对她测试过关于演讲主题方面的技能。

3. 判断

你的员工是在代表你面向全世界。如果人们在自动留言机上留言提出要求，那么说明他们比采用通常的联系方式有更高的期待和标准。这些人的做法是很奇特的，因此你的办公室助理必须马上回复他们不在办公室时所收到的所有电话留言,最迟也不能超过3个小时①。投诉可能是有效的(比如,"你们上周曾承诺为我们提供宣传资料,但是很遗憾,我们至今没有收到"),也可能是无效的(比如,"你们为什么不给韦斯先生发送免费副本材料,以便我们对其进行评估"),要能与同行、卖家、客户或潜在客户进行职业的和清楚易懂的互动,并且要遵循你的主要想法和风格。每次看到无法进行有效沟通的演讲师的员工,我都会被震惊得哑口无言。

4. 创新能力

在这个必须像一只孤独的狼那样行动才能谋生的行业里,需要帮手的一个重要原因就是需要得到反馈,以及挑战"我们通常都是这么做的"这一说法。你的员工要能不断地通过更新颖、更高效和更多产的方法来获取结果,从发送邮件和新产品资料到新的演讲主题和营销资料。

你的员工应熟悉你的业务,甚至可能要比你更了解你的业务。因为在你给新的听众做下一次演讲准备时,他或者她,你的员工,每天都会从不同的潜在客户的角度对你进行观察。

因此,员工应该是你尊重和信任的人,是当发现新的想法时能给你意见的人。如果你发现你并没有从员工那里定期得到建议,或者你选择不和"行政助理"谈论业务,那么你使用资源的方法是错误的。你对员工进行投资的结果之一,应该是给你的事业发展带来创新和扩大,以及发现新的解决问题的方法。

5. 杠杆效率

在员工身上进行的投资必须要产生巨大的利润增长。如果你在员工身上需要每年花费4.5万美元,那么营业额增加4.5万美元则远远不够,利润增加4.5万美元也只是保本而已。我的意见是,你在员工上的支出总额应该获得3倍以上的利润回报,否则不值得进行投资。

---

① 在没有任何员工的情况下,我能在90分钟内回复电话。如果我有一个员工做帮手,我会要求他在20分钟内回复电话。通常来讲,先到先得,你的竞争对手不会在第二天回复电话。

这是因为除了有形和可以计量的花费以外，还有你投入的时间、注意力和精力等无形和不可计量的开支。你们当中那些做人事管理的人会理解我说的是什么。即使是一个在旅途中偶然遇到的人，我们和他也会有许多个人问题产生。培训和教育占用了你的时间，讨论、思考和会议耗费你的精力，这些都是无形开支。因此，利润应该按照员工的规模有相应的增加。

据上所述，员工必须有能力综合使用下列几种干预方法来增加你的利润：

- 通过积极的冷电话和推销进行销售；
- 通过更快更有效的线索跟进并进行销售；
- 处理更多的邮件、发展客户联系人和做出反应；
- 通过减少办公室工作时间，增加演讲销售收入和演讲时间；
- 通过增加采访和出版文章的数量等方式提高知名度；
- 通过新颖的演讲和产品理念创造更具吸引力的机会。

为了防止你忽视一些显而易见的事情，我来强调一下：如果你把时间投入到管理、培养和满足员工的要求当中而抵消了重要利益，那么你的事业是在亏损。如果你凭借自己的能力和推荐业务让你的事业每年增长 10%～15%，那么雇用一个员工应该让你的事业增长 20%～30%，这样你的投资才真正有价值。

如果一个全职员工能让成功成倍地增加，那么这就是一项明智和可靠的投资。如果你还没有达到这个层次，或者像我们很多人一样达到了这个层次，但认为没有雇用全职员工的需要，那么通常情况下转包是一个明智的选择。

> 一般规则：通过演讲和相关活动，你应该能够维持目前的生活方式，并且依靠自己的能力和名誉让你的事业每年增长 10%～15%。从这一点上来说，雇用职员也可能是明智的，因为职员可以使你创造的成功成倍增加。

我在一年的时间里把下述与演讲有关的工作转包了出去：

- 网站制作和博客的设计和改进；
- 制作图表；
- 寄送信件；
- 维护邮寄名单；
- 制作文字资料；
- 进行测试和调查；
- 完成产品；
- 回复电话（特别是客户"热线"）；
- 可视教具；
- 视听剪辑和复制；
- 电话采访；
- 时讯报道版面设计和打样；
- 资料和产品的保存；
- 出差安排。

如果你愿意的话，可以将其称为"即时支持"，因为我只有在我需要并达到我需要的程度时，才会为这些工作支付报酬，这样我就能严格控制我的开支，支配承包人并获得优先权（只要完全实现我的质量需求和目的，我会马上付款并保证提供后期工作），按照客户的要求进行调整，实际上还能创造一个在潜在客户看来能给我的事业提供"影响力"的大型和多才的员工群。①

我发现找到正确的合约人通常是在感情和才能之间做决断。图形设计师可能有点喜欢争强好胜，但是我不想雇用一个全职员工，并且每天和他保持亲密的关系。如果真有天才，我会容忍他具备各种性格，有怪癖也无所谓（我没有权利要求别人与我的私人行为完全一致，因为那些人和我一样都在经营适合他们的事业），但是对质量、表现和

---

① 免责声明：如果你不确定，可以和你的会计谈一谈。那些不以你为单一收入来源的分包商不能被当作员工，不必为其代扣税款。但是在年末，你可能需要给那些本身不是法人企业的组织发布一份1099报税表。如果你支付的报酬低于某一标准值，例如在我写这本书时标准是600美元，那么就没有必要报税。在法律或者税务咨询方面，你应该向你的注册会计师咨询与你事业有关的各项税务政策约束。

才能我不会做出这样的容忍。不管我和某人公司的合作有多么愉快，即便喜欢这个公司，如果没有达到质量要求或者目的，我都无法容忍。如果你不回复我的电话，没有满足演讲时间的要求，也没有第一时间采取正确的态度，你将不能为我工作。

我遇到的大多数(超过90%)转包商都是按照小时来收费的，而不是按照价值来收费的。因此，他们代表的是完全可以确定和固定的投资，他们的收费往往低于给你的真实价值。设计一份完整的宣传资料，然后进行无数次复述和编辑，按照照片副本设计版面，第一次印刷1 000份收费低于750美元，对我来说很常见。这是一个不错的投资回报，如果你了解我自己来处理这些事情大概会花费价值2万美元的时间，那么你就会认为它就是一个惊人的回报。

现在转包服务在哪里都无所谓，因为邮件、传真、Skype和联邦快递能便捷地解决距离问题。因此，从我的个人经验来看，获得转包服务的最好方法是：

- 咨询其他演讲师使用转包商的目的是什么；
- 咨询其他从业者(律师、会计或者顾问)如果有类似需求会用哪个转包商；
- 通过你的当地印刷厂、扶轮社、文具供货商或者商会建立关系网；
- 把你的需求登在当地周报上；
- 在适当的网络公告板上发布你的需求；
- 如果看到你需要的做得不错的东西，查找他的生产制作者(这是我找到网站主页设计师的方法)；
- 与时讯报道一起发布广告(或者自己做广告)；
- 与有利益关系的邻居交流；①
- 在当地大学里调查，并寻找半工半读的学生和实习生；
- 调查需要寻找工作的当地学生。

---

① 我发现附近的家庭主妇都有大学学历，她们在家里照看孩子，有充足的自由时间，还很有天赋。她们都非常愿意接受转包工作。我雇用这些优秀的人来发信件、回复电话、完成订单，她们还能满足很多我的其他重要业务的需求。

我认为寻找转包商非常划算，他们利用杠杆技巧发展你的事业。其通常用来检测我是否在这一竞赛中处于领先地位，是否有人恭维我的可视教具，并问我是否使用 PowerPoint 软件。

"我不用。我有专门为我设计的幻灯片。"

"你不觉得使用这种软件来自己创作幻灯片可以减少 250 美元的费用吗？"

"实际上我需要花费价值 3 万美元的时间去学习使用这种软件，它还不能创造出我得到的创意，我在这些创意的设计和创造上只投资了 1 500 美元。"

我们都挠挠头走开，不同的是，我的同事走进的是沃尔沃，而我走进的是宾利。

> 通常税务局认为这些人都是员工而不是转包商。为了避税，他们必须满足下列标准：
> - 遵守雇主对工作的授权要求；
> - 从雇主那里获取或者直接在雇主那里接受培训或者指导；
> - 提供和业务整合在一起的服务；
> - 提供必须是个人提供的服务；
> - 为雇主雇用助理，监督、指导并付报酬给助理；
> - 和雇主保持连续的工作关系；
> - 必须进行连续几个小时的工作；
> - 为一个雇主做全天的工作；
> - 必须在雇主的经营场所工作；
> - 必须定期向雇主做汇报；
> - 在固定期限内接受固定金额的报酬；
> - 接受业务经费和差旅费；
> - 由雇主配置工具和材料；
> - 没有就提供服务的设备进行大型投资；
> - 不能从服务中获得盈利或者遭受损失；

- 一次只为一个客户工作；
- 不向大众提供他们的普通服务；
- 可以被雇主解雇；
- 可以在任何时候离职并且不会引起任何责任。

注：摘自总审计局 NO.GAO/T-GGD-96-130 号出版物《税务管理：如何区分受雇于雇主的雇员和独立转包商》(1996,5)。

你是职业演讲师而不是雇佣工

我曾听说，有一位演讲师在一次大会上告诉听众他是一个"雇佣工"，如果组办方想让他帮忙搬桌子、挂装饰品或者分发资料，只要他在场，不管什么事他都会做。

按照上述情况，我想让你为我做一个实验。下次和你的医生、会计或者律师（或者园丁）在一起的时候，在谈话快要结束时你说："你看，先生，我们还有几分钟的时间，你能给我的汽车换润滑油吗？"你很可能会被扔进精神病院。

这些证明了以下两件事情。

- 我们都是有专业技术的专家，并且我们在允许的范围内提供不限定数量的价值，我们最好是这么做。（设想一下如果你的医生自愿给你换车油，你会说什么？）
- 从传说中的"专家"那里听到的建议连一半都不能相信。因为他们是靠给你提供建议赚钱的，他们自己都从未打算按照建议去做。想想我举过的滑雪教练的例子：他站在你的前面，演示你要做的动作，对你做的动作给出反馈意见，确定你做的都正确，而不是待在小屋里品尝白兰地，坐在摇椅上给你提意见。

你有权利向你的客户提出下列要求（强求总给人一种霸道和炫耀的感觉）：

- 提供一流标准的国内出差待遇和商务标准的海外出差待遇；①
- 安排一个逐字阅读你的简介并逐步记录和提前实施的介绍人；
- 你想要的扩音器（提前告诉他们你需要无线式领夹麦克风或其他任何东西）；
- 如果照明和座位还没有确定，那么按照你的喜好来安排（你不能改变礼堂结构，但是你可以对要求使用的教室或剧院式的风格提出要求，或者在大会议室使用阶梯式的布局）；
- 在演讲地点或者附近找一个舒适的房间，并将费用记在客户的账上（无须等待客户给你报销）；
- 关于这一群体的资料（职位、职责、地理、男女比例等）；
- 经你同意复制所有录音，并且在报酬方面达成一致；
- 提供到最近的机场的接送服务；
- 在举行会议前接触买家及协调人，并在最后一分钟检查所有细节。

如果出场时间比较晚，要求提供一个房间或其他私人空间。（例如，你已经在早晨做过了声音系统检查，但是你需要在3个小时以后才会出场）。

这不是一些无礼的强求，而是专业人士的合理要求，其需要某种支持来保证给客户带来最好的结果。

> 在你的自我利益得到最大限度的实现的同时，客户的最大利益也得到了最大限度的实现。这就像救助别人的原则一样，救人之前要先保证自己是处于安全之中的。

这就是你不该和那些总想省钱而又无能的会议策划人打交道的原因。要和那些努力使效益最大化的真正的买家做交易。记住：典型的商务或协会会议在出差、额外补贴、工资、设备和保险费用等方面会花费很多。只要减少休息时间，你的报酬就能出现。让事物保持正确的比例。

---

① 你应该将其升到第一位。在这一行业中，精神抖擞和活力充沛地出现是很重要的，特别是在有了现存的各种空中旅行方式之后。

合理、客观和专业的反馈

一个参加过我在英格兰伯明翰的专题演讲的人（他是一名"演讲教练"）问我，他是否能在我结束演讲时给我一些反馈。

"谁能阻止你说话呢？"我回答道。

他镇定地说："你在台上走来走去让我无法集中精力，只有在你停下的时候，我才能理解你的演讲。你知道这叫什么吗？"

"还用说吗，"我说，"叫作学习障碍症。"

在纽约的演讲结束后，听众们排队向我提问。队伍中的第四个人给了我她的名片，并说："我能帮助你解决你的演讲障碍。"

我把她的名片撕成两半还给她说，"你能把这个再修好吗？"

主动提供的反馈，其目的总是为了提供者自己的利益。它是弱者用来证明他们比你强的技巧，不管你是否得到公众注意，是否获得报酬，是已被选中，还是得到赞美和掌声。只有从你信赖的来源中找到的和经过要求才能得到的反馈才值得一听，即使这样，你也不能机械地按照反馈去做。

在演讲业中，没有人得到过足够的反馈。我知道这听上去有些奇怪，因为我们经常会看到听众被要求填写无处不在的反馈表格。但是把这样的反应用作你唯一的，或更进一步说主要的评价来源，就会出现两种错误。

首先，听众的反馈并不是来源于真正客观的买家。这就好像梅赛德斯询问家庭成员为什么他们喜欢驾车，而忽略了询问将来最有可能再次买车的买家。倾听买家的反应很重要的原因是买家用理性和本能的冲动来雇用你（逻辑强迫人们思考，但是情感促使人们行动）。在听众离开演讲前就要填写好"微笑表格"，反馈回路到此为止，这样的演讲师很少能够获得综合的信息，他们很少能够按照真正买家的需求改进。（听众只是拿你和温度控制器以及可视教具做比较，就更不用说那些演讲会上提供的廉价食物了。）

其次，听众很少知道什么是他们要找的东西。买家的目标可能包括震慑听众或者刺激、驱使他们行动，而不是招待、安抚他们或者让他们感到安全。每个听众对他或者她听到的东西都有不同的反应，因为每个人都会下意识地想与他或者她的背景关联起来。这就是（优秀的）演讲师用多样的故事和例子吸引所有有过亲身经历的买家和潜在买家的原因。把所有的演讲录下来并听这些录音是最简单和最虚伪的建议之一。我们的参考标准有严格的限制。听自己的演讲，并由此确定改进演讲的方法就像问"鸭子有什么特点"这一有名的问题一样。鸭子有羽毛，鹅也有羽毛；鸭子有蹼状的脚，青蛙也有；鸭子会游泳，鱼也会游泳；鸭子会嘎嘎叫，捕鸭人也会。或许没有一种动物和鸭子是完全不一样，这样问了之后，又会得到什么答案？关键是这个问题本身就是错的。它应该是"鸭子和其他动物比起来有着什么截然不同的地方？"（它比鹅小，青蛙不能飞，鱼不能在水面上游动，学鸭叫的人不能和其他鸭子交配，至少在大多数的州是这样的。）

> 我们需要包含客观参考标准的独立的反馈。否则，我们越来越擅长做我们做过的事情，并渐入佳境，但是我们做过的事情很可能是一个麻烦。

作为行规，如果你想成为一位专业人士，你需要有资格的人给你提供外部建议和指导。你把你的资金委托给注册会计师建议的理财专家，把你的健康委托给个人医生，把你的法人资格委托给律师，还把你的图形设计委托给设计师，但是你为什么不把你的职业发展委托给同样合格的提供者呢？为什么你要委托那些不如你优秀且没有个人规划的人呢？

如果你自己录制你的演讲，把DVD和下载资料寄给你认识并信赖的密友，他会给你公正坦率的反馈。如果你想感受温暖和爱戴，那么看一些专题广告片吧。如果你想知道自己是否在朝着演讲师的方向发展，去找那些能给你诚恳反馈和建议、不顾及你的感受的人吧。这些人可以是其他演讲师，但是不应该仅仅局限于此。下面是你找到你需要的指导和反馈的一些方法。

得到专业、诚恳反馈的技巧

① **聘用有决策能力并了解你从事的行业的人提供反馈意见，并尊重他们的判断。** 这些人可能包括你的财务策划人、民事协会的同事、另外一个企业家（例如：拥有你一个业务供应来源的人）、一个当地的政治家或者学校董事会成员、商业顾问和你的律师等。不一定需要他们在位置上离你很近，因为邮件和计算机能简单地解决这一问题。

告诉这些人你需要他们在一年中提供多次帮助。在你需要帮助的情况下，给他们寄磁带（如果你在他们的住处附近做演讲，可以邀请他们来听你的演讲），让他们对你怎样达到事业的另一个层面发表意见（如何获得更多的听众、更多的公司、宣传工作、高曝光率的专题演讲等）。询问他们你擅长做什么、你将来应该发展哪些方面、他们对什么不感兴趣、你应该放弃哪些东西。不要对单一的个别意见做出反应，但是如果很多人给出类似的反馈意见，应马上采取行动。（如果只有一个人说"我不喜欢那个故事"，你可以忽略他的意见。如果有5个人说"你的那些故事听上去不给力"，那么你就知道你讲的次数可能太多了。）指南：一个人说是偶然，两个人说是巧合，三个人说就是一种群体共同认识。

为了报答他们的好意，带你的团队与他们共进晚餐，酬谢他们和/或给他们一个礼物。你不一定要接受他们的建议，但是如果你不要求，你永远不会得到他们的建议。

② **发现其他成功的演讲师。** 注意我没有说"你喜欢的演讲师"或者"你尊重的演讲师"，因为这样做会为互相"吹捧"的社会留一扇门。有很多演讲师赚的钱比他们做的事情少，因为他们把时间花费在告诉彼此他们有多么优秀和吹嘘彼此的

奖励上。①

　　找到那些你认可和代表成功的榜样，不要被哗众取宠的例子欺骗。他可以是住在"海景房"里、开着"外国车"、"富于创造力的多产的作家"（在我帮助有这种资格的人和评论他的营销作品时，我不得不提醒他，彼得·德鲁克、约翰·戴克可能是"世界上最有创造力的作家之一"，但是他肯定不是，尽管他的宣传资料表达的是类似的意思）。找时间与那些有资格在你想做演讲的组织里做演讲的人建立关系，或者找一个拥有你崇尚的演讲风格和给你印象深刻的或者拥有你渴望得到的商业眼光的人。

　　和那些可以在一年当中联系几次的人建立关系网。不要试图评价他们的风格和特点，只要能得到他们对你的风格、事业和发展方向方面做的反馈就可以了。你可以用这些反馈来严格检测你的发展过程。对他们有用的事情未必对你有用，但是他们的见解来源于相当有效的参考标准。

❸ **对正式的指导关系投资。**我们当中有些人经常被人登门拜访要求提供意见和指导，这种关系是正式的咨询。总的来说，这些关系是以特定的成长目标为中心和方向的。你可以规定你想处理的事情：打入市场内部，使用更多的幽默、出版物、辅助性的产品和提高收费等，你可以设定这样做的时间期限。从我的经验来看，你至少需要和一个导师连续6个月进行定期的联系（再强调一次，并不必须与人直接接触），有条不紊地设计后续行动，创造实现目标的计划和训练，以达到自己的目标。

　　能够为你提供适当投资回报率的、专业的、高效的导师

---

① 你要警惕那些在研讨会结束后给你"证书"和谥美的言辞（有的时候是"有保证的"暗示）的人和/或给你送钱的组织。除非你获取的是有真正严格标准的头衔，而且买家认可这一头衔，否则这些都是骗局，毫无价值。在我的整个演讲生涯中没有一个买家在意我是否在演讲师名人堂里，更不关心这些组织授予我的14个缩写字母。我不用这些缩写字母，因为他们让我（或其他人）看上去是在过分补偿我没有的东西。

具有以下几方面的特点：
- 其是一位成功的演讲师，而不只是一位导师（一位"实干家"，而不仅是一位"专家"）；
- 在某个时间段里可以不限量地接触，而非只能按照指定日期和次数接触；
- 能在实际潜在客户、费用、演讲等方面提供"实时"帮助；
- 要求采取行动并跟进这些行动；
- 提供联系人，比如图书代理、演讲师机构的主席等；
- 来自于其他演讲师的可靠的推荐。

如果导师能以你的特定需求为中心、提供具体实用的技能来扩展你的事业，并实现你的个人目标，那么他们的效率很高，并且值得对他们进行投资。要永远避开"卷毛毯"式没有限制的方式方法。这必须是一个具有个性化的过程。

❹ **选择一个专门提供反馈的专业协会**。在初级阶段，国际演讲协会是一个不错的选择，因为它为演讲师提供在听众面前练习技巧的机会（主要是以业余的方式和/或者提供偶然的机会）。还有一些由主办单位举行的竞赛，他们提供在裁判员面前做演讲的机会。国际演讲协会的缺点是他们提供的反馈不新颖和不诚恳，演讲标准有局限性，不是很适合集团演讲。

美国专业演讲师协会(NSA)大约有3 000名演讲师成员，从高曝光率的职业专题演讲师、高收入的培训专业人士到初级的、有抱负的演讲师。它是会见潜在同事、顾问和导师的工具，并且当地地方分会提供"吸引公共注意力中心"的、进行简短演讲的和得到听众反馈的机会。一些地方分会提供录像和更个人化的反馈。尽管NSA(机构名，没人使用这种机构)认为自己在演讲业很有发言权，并提供各种层次的成就，但是它的成员只代表小部分的职业演讲师，除了在会议策划业以外，几乎没有人知道它。虽然如此，对那些愿意利用他们的人来说，它的大小会议能培养友谊，并且能够提供好的反馈资源。

❺ **在互联网上寻求帮助**。现在有很多演讲师聊天室、网页和联系列表等相似资源。挤出一上午的时间,利用相关搜索引擎来创造替代选择。互联网的优势是你可以交换可视教具、演讲副本和真实录音,如果你有合适的设备和软件,还可以进行在线聊天。在很多网站上(包括我的网站),你真的可以看专题演讲和培训会议的录像。

你能通过网络空间进入一个自助选择顾问的网络,这些顾问可以给你提供可下载的营销资料样本,对你的演讲发表评论,给你的职业规划提供建议,提供国际机会和一系列其他可能有用的反馈。如果你在技术方面有能力而且愿意,你就会发现有价值的帮助就在你的桌子上。

不管你选择什么方式,一定要找到直接诚恳的反馈资源:找到那些告诉你真理而不只是安抚你的心灵的人。"关心真理要多过关心人们在想什么",这是亚里士多德说的,他可不是一位糟糕的顾问。

附属细则:合并、法律、会计、保险、税收等

还有一些问题不能归入这本书中的第二部分或者第三部分,而且这些问题到目前为止还没有得到适当的讨论。在第一部分的最后,我会讨论一些我在某些方面需要说的东西。可能目前不是所有的这些东西都适用于你,所以我要用标题来帮助你选择,并在你需要他们时为你提供合适的参考。

请注意,你应该咨询专门的保险、法律、金融和其他各种行业的专家,但是要确定他们精通各个行业。

1. 合并

用所有的办法合并你的事业,使其成为公司,不管你的事业有多大。(写这篇文章时,S 型股份有限公司的胜算要大于 C 型股份有限公司,但是法律不是一成不变的。)不要听信任何一个告诉你没有必

第 6 章 精 简　　　117

要合并你的事业的人的说法。

合并可以提供下列优势和保护：
- 提供一个可以借钱、进行起诉或者被起诉的法律实体（这样你的个人财产就安全了，这是一个充满纠纷的社会）；
- 在寻求合作或者对建议书(RFPs)做出反应时，它可以提供专业的、有时是优先的身份，也就是说作为一个小企业具有的优势；
- 把法人利益写进你的规章制度里，法人利益可能（咨询你的律师）包括健康计划、公司汽车、退休计划、董事会会议、经理工资及其他生活福利和特殊待遇；
- 用税前资金支付所有合理的业务支出；
- 使用某些列表对公司实体进行成员资格限制；
- 顺利地获得退休计划选项；
- 顺利地获得医疗保健选项。

按照你的情况，花上几百美元随便雇用一个有法定资格的专属律师就可以简单地完成合并。(你可能会得到一个漂亮的法人图章，在过去的25年里，我只有5次使用这个章的机会！)

2. 保险

除了应该有基本生活保险以外，你还应该得到医疗保健、生命安全、牙齿健康、超额损失保险和所有适合你的其他保险。

① **错误和疏忽**。在保险业里，其一般被称为"E&O"，在其他行业里，其被称为"玩忽职守"。在你因为向客户提供所谓不正确的建议使客户的公司蒙受损失而被起诉时，它会给你提供保护。(例如，像有人被你的投影仪电线绊倒这样的意外受一般责任保险的保护，你也应该有这样的保险。我们在下一章将讨论这一问题。)鉴于诉讼补救措施在越来越大的程度上已经发展到代替讨论和辩论的程度，这类诉讼实际上已经发展成一种可能。从理论上来讲，如果你对战略实施做的一次演讲中包含针对听众的警告和机会，企业按照这些警告和机会采取行动并且蒙受了损失，那么代表客户员工的法

律顾问可能会对你提起诉讼。顾问公司正在受到日益强烈的起诉，而演讲师的一条意见也可以被解释成咨询（你们中很多人也都是顾问）。如果没有"E&Q"保险条款的保护，就不要从事这一行业，不要有任何行动。如果没有这样的保护，就不要接受你的下一次报酬。①

❷ **责任保险**。如果有人被你的笔记本电线绊倒了，他会起诉会议组办方、电脑生产商、电力公司，还有你。这是当前可悲的诉讼现状。责任保险价格很低，通常由那些提供"E&Q"保险的承保单位提供，而且是一项必须要买的保险。

❸ **残疾保险**。在我们的职业生涯中，我们残疾的可能性要远远高出死亡的可能性。但是，只有少数演讲师了解残疾保险的重要性。请选择一旦你不能得到全部和正常的工作就会进行赔付的保险险种。（一些保险的赔付范围是这样的，其只在你不能找到任何工作时适用，不考虑它是不是正常的工作。）通常法律和保险公司的规章制度规定的全部承保，是你获得的保险赔付最多只能等同于你正常收入的80%。作为一位演讲师，你需要选择对这一行业潜在收入的涨落敏感的经纪人或公司合作，并按照保单承保范围的总额与他们就合理的平均收益达成一致。对任何一项保险来说，团体计划要比个人计划便宜，很多行业协会不一定是演讲协会，会给前者提供各种选择（例如，提供在保险生效前更长的等待期，更便宜的保费）。你必须买残疾保险，即使这意味着当前持有更少的人寿保险。

❹ **长期护理保险**。其通常被称为"LTC"。若你长期丧失了行为能力，不管是现在还是在你老的时候，它能在你需要长期护理时提供支持和帮助。我在这里提到它，是因为在你年轻的时候购买这种保险会更便宜。它提供资金支持，并意味着

---

① 费用一般是按照业务量来决定的，如果你加入提供团体承保险别的行业协会或者类似的组织，费用就会被减少。如果按照个人计算，预计每年要交1 000～3 000美元，这几乎相当于你的一次演讲收入，或者比你的一次演讲收入少一些。

不必区分进私人养老院还是在自己家里接受照顾。我认为这一保险也应该是"必不可少的"。

3. 财务计划

对很多演讲师来讲，财务计划指的是存完支票和付完账单后剩下的资金部分的安排。这不是财务计划，但是它有一个名字：破产。

冒险与此类的企业事业合作既愚蠢又不负责任，并且没有收益。当一些收益可以带来瞬间的满足，并且你认为在你衰落倒退之前你都可以演讲（显然有人在他们衰落倒退之后还在继续演讲）时，你应该有一个明智的长期财务安全计划。

向一流的资金策划人咨询（靠提建议得到报酬的人，而不是通过向你出卖证券赚取佣金的人），建立一个适合你的状况和目标的计划，同时守信地投资，就好像你在赎回抵押或购买当地的公共事业基金。现在有很多选择，法律也经常改动，因此请了解对你最有利的东西。举一个例子：目前和个人退休账户相类似的退休金计划允许你的公司每年免税向你的退休账户投入不超过 4.7 万美元的存款。有很多与此相似的好的计划，所以请专业人士帮助投资吧！你也可以选择 401(K) 退休计划制度安排①。独自执业的唯一优势是，虽然这些计划通常会要求给所有员工都投保险，但是你只需要担心你自己，也许还有配偶的保险问题。

4. 银行业关系

我倾向于与银行建立职业和个人的关系，特别是随着你事业的发展和繁荣，它会合理地解释信用额度、参考、有利的利率和所有其他的额外补贴，这些通常是在你的要求下才会奇迹般出现的特殊待遇。

我的个人银行家在我的通讯名单里。我每年见她一两次，让她熟知我的工作和工作成果。（例如，她有我出版的每一本书。）有时新客户的采购部门也会向银行征求意见，新卖家也一直这么要求他们。

在日益增长的全球业务里，我通过电汇得到报酬。如果你不和银

---

① 译者注：参加这个计划的企业，可以选择将现金或公司股票存入职工退休账户，如果职工和企业都选择存入现金，那么就与利润分享制相似；如果存入公司股票，那么就是企业所有权分享。

行进行紧密合作，获得报酬的过程可能会既棘手又漫长。你可以加速国际支票的承兑，更早地得到贷款，而不是相反。

保持这一关系获得的另外一个特权是：如果能够成为"私人银行客户"（或者这个行业领域里的任何委婉叫法），你可以不用排队，轻松获得透支保护的权利，甚至可以让银行给受到刻意保护的支票投保（或者允许你利用未到账资金）。银行会给好客户做很多不能公开宣传的事情。如果你的银行不能提供合理的帮助，可以寻找另外一家银行，并且默默祈祷得到他们为了商业竞争而提供的更宽松的服务，以及撤销管理规定而带来的利益。

我有 12 张信用卡，包括 4 张不同的美国捷运信用卡。这些卡片对一天 24 小时都要使用旅行顾问的人来说可以给我提供很大的帮助，并且会在特定城市给你提供礼宾安全服务、安排礼物等。①

5. 动机总结

你们当中有多少人抵抗不住这一标题的诱惑？我的最后一个观点很简单，但是经常被忽视：你和你设想的一样成功。

当你的事业取得进展时，不要再把它（或者你自己）当作原来的事业——那个从找不到其他演讲师的行业协会那里挣到第一个 500 美元一样的事业。

人通常都想得到某些东西，你的钱、建议、支持和你的名誉。你必须要确定事情是按照你的条约要求进行的。用电话销售证券的人让我很吃惊，因为对我来说这是最重要的个人关系业务，不应该用电话销售，但是肯定有人做过这样的购买。不要从仅仅提供销售业务的人那里购买保险、供应商服务、退休计划、建议，甚至铅笔，我见过一些演讲师从电话黄页里或者根据在 Facebook 上的在线经验选择他们

---

① 我有一张近乎神奇的美国运通百夫长（Amex Centurion）黑卡，它是你必须到达某一消费水平的时候才能受邀申请的卡。我和我妻子从那不勒斯航行到卡普里岛时得知我们的女儿提前三个月生下了双胞胎。在我们到达卡普里岛之后，我在山顶酒店用黑卡打了 20 分钟的电话。第二天早上，我们乘坐着私人汽车，享受着一流的船渡，呼吸着一流的空气返回了美国，并且住在纽约医院附近酒店的套房里。我对他们十分信赖，我们的外孙女很健康，在我写这本书时，她们已经一岁了。

的律师。

你是成功人士。请做成功人士应该做的事。由这一行业的精明之处在于开创你自己的路。只有领路者才会注意到风景的改变。

总结

你是一位成功的演讲师，而不是一位集团经理人。你的成功不取决于你雇用多少人；实际上，你的成功可能会因为雇用太多人而受到损害。

精简是通向财富的道路。

请记住，真正的财富是自由支配的时间。演讲是改善你生活的一种方式，不要为了演讲重新安排你的生活。如果你只有站在听众面前才会幸福和满足，那么你需要寻求心理帮助。如果获得喝彩和"微笑问卷"的高分数是你在这个星球上占据空间的证明，那么你就像修剪过的草坪一样肤浅，成功一文不值。

请以你的工作自豪，用所有方式，以你的生活自豪，不惜任何代价。可以适当利用外包服务和"实际"的帮助。

关心你的公司结构、规章制度、财务报告、保险和相关行业的需求，充分利用税前收入，不要让演讲机构或者税务机构不必要地控制你的钱。

谨慎对待别人给你提供的意见。不要说得像一位行家，要像行家那样倾听。

第2部分
牛　排

　　这一行业与知识的力量有关。为了成为别人感兴趣的对象，这意味着你的知识量必须不断地增长。现在很多演讲师发表的演讲和他们20年前的演讲一样，在同一个地方动容流泪，讲述重复多遍的故事还乐不可支。难办的是，如果你问他们一个疑难问题，他们只会从头开始再讲一遍。

第 7 章

加速和强调你的影响力

> 成为"求助定位"资源

为特定主题做演讲的优秀演讲师名单上有你的名字是好事。但是当买家说,"我要见汤姆·帕森斯"时就更好了。在这一章中,人们很容易识别某些个人与他的关键业务专长:

销售:杰夫·基特玛

指导:马歇尔·戈德史密斯

小企业:大卫·迈斯特尔

创造力:赛斯·高汀

个人咨询:艾伦·韦斯

人们把战略实施与彼得·德鲁克联系在一起,把领导力与约翰·加德纳和华伦·贝尼斯联系在一起。你可能有自己的个人喜好,但是没有人会对我的举例提出争议。

你要成为"求助定位"资源。

过程超越内容的神秘杠杆作用

扩大活动范围和吸引更多的潜在买家的关键,是要明白我们是围绕过程建立内容的。

第 7 章 加速和强调你的影响力

过程是顺序、体系、设计、模型，或者是一种让用户获得某一特定和想要的结果的方式。例如，决策过程让个人有能力为实现他或者她的目标做出选择。销售过程让销售人员更快、更高效地创造新业务。过程通常和事情是怎样完成的有关。

内容是特定的环境、周围事物、主题或者应用到过程中的细节。换句话说，克莱斯勒的销售过程是卖车，但是在西北互保人寿保险公司，销售过程是卖保险。不管卖车、卖保险，还是销售草坪肥料，过程大致为确定买家目标，通过投资展示价值，等等，而内容是不一样的，内容通常与创造的、交流的和/或者消费的东西有关。

我们要找到我们擅长的过程，然后围绕与特定买家、行业、听众和条件有关的过程组建内容。例如，我曾经发表过一篇名为"抓住机会"的专题演讲，它与创新、授权和建立关系的过程有关。在这次演讲中，我在每个人的身上都取得了巨大的成功，从最高层的管理人员到第一线的监督人员，从宇宙工业到报业，从美洲听众到亚洲听众。请记住，我相信这个赛场巨大。

下面的"话题"是真正适用于各类人群、组织和条件的过程实例：
- 建立关系网
- 决策
- 时间管理
- 灵性
- 演讲技巧
- 团队建设
- 客户服务
- 动机
- 幽默
- 道德
- 谈判
- 解决问题
- 计划

- 滥用药品
- 写作技巧
- 技术
- 销售技巧
- 媒体应用
- 未来主义
- 健康/身心健康
- 建立自尊
- 制定优先制度
- 建立形象
- 改变
- 倾听技巧
- 创造力
- 生产力
- 领导力
- 多样化
- 事业管理

扩展练习题：演讲业中不了解营销的人提出的最差的问题是："你的演讲内容是关于哪方面的？"

下面是避开这一狭隘陷阱的简单练习。

你的演讲内容是什么（传统的答复）？

_____

_____

你通常给哪些人做演讲？

_____

使用主题回答每个问题，并填在下面的空白线上。

- 你的主题的哪些部分能组成不同的演讲（例如，倾听技巧是"有效沟通"的一个组成部分）？

▶ 演讲的哪些部分涉及独立于演讲主题的其他结果（例如，更高的完成率是"销售技巧"演讲的一个结果）？

▶ 来自于参加者的哪些问题是你必须提前知道并应该做出回答的？（例如，在发表"怎样区分轻重缓急"的演讲时，"我怎样才能影响我的上司？"通常是一个需要慎重回答的问题。）

▶ 你使用的可视教具中哪些最能吸引参加者？（例如：区分我们在家里和工作中担任不同的角色的表格是你"管理时间"演讲的一部分。）

▶ 现在，检查前面列举的反应类别，除了你在上面列举的可以从这些主题中取得收益的组以外，列举出4组。

▶ 现在我们把可怕的"你的演讲内容是什么"改成"你的价值提议是什么"。从专业和/或者行业改进的角度来讲，这些组在听完你的演讲以后会有哪些改进？

我可以继续举例，但是我可能已经把你们大部分的人都包含在这30个主题里了。关键的问题是，例如，虽然规划过程中使用的内容有所不同，但是"规划"的过程是相同的，不管它是用在法律事务所还是用在医药公司。但是我可以像一个做长期项目的顾问一样成功地对这些内容进行调整，也可以在做专题演讲或讲习班的时候做这些调整。同样，你也可以这样做。

在图7.1中，我列举了一个我自己的以过程为方向的例子。

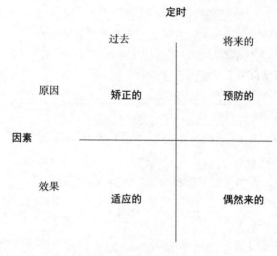

图7.1 行动序列

在有效行为的举例中，我利用传统的双轴示意图来表示原因和效果在过去和将来的时间范围内相互交织。① 如果你想去掉产生目前问题的原因（左上角），那么矫正行为必须出现（例如，修补轮胎上的破洞）。如果你只是想规避问题的效果而不解决问题（左下角），那么你需要相应的行为（例如，和朋友一起骑车或者开其他的车）。如果你想阻止这类问题在将来出现（或者再次出现），那么你要采取预防行为（右上角）避免出现这样的问题（例如，定期检查轮胎，在适当的时候

---

① 我把这些叫作"过程图像"。在我的书 (The Great Big Book of Process Visuals 和 The Second Great Big Book of Process Visual) 里有100多个例子。

第 7 章 加速和强调你的影响力

买一个新轮胎，保持适当的充气量)。但是如果你所有的计划都失败了，并且必须应对这一问题在未来产生的影响(右下角)，那么你会想利用一个适当的偶然行为来消除这些影响(在后备箱里很有可能有一个好用的备用轮胎)。

原因和影响、过去和将来之间的关系适用于任何人或者任何专业环境。(在生产型工厂里，工程师提供机器的预防性保养；在医院里，护士不断检查生命体征，预防出现并发症；在报纸业，记者用不同的来源来验证事实，避免在新故事里出现错误。)

作为演讲师，基于自身的能力选择演讲主题，是一种自我限制和随意的做法。真正的问题是扩大你的影响力。讽刺的是，如果你对这一行业还比较陌生，那么你将更有能力发现广阔的过程，这可能是因为你很少有"需要摒弃"的东西。但是如果你是资深演讲师，必须为全方位扩大影响力而投入时间。

我的一位同事在听完我的过程价值演讲之后告诉我他还有一个新发现。

"10 年来我一直在做客户服务的研讨会，"他说，"我睡觉的时候都能做。它很受欢迎，但是我从未在我的行业里获得过想要的成功。坦率地说，我根本不喜欢这种演讲。听了你的演讲之后，我意识到我一直在坚持使用某种形式做演讲，是因为 10 年前我第一次被雇用时就在这种行业里使用这种形式。"

> 我们所有人都能毫不费力地描述我们的内容。可悲的是，这种内容只是我们在过程中传达的总价值里极其微小的一部分。

人们雇用你按照他们的现状、在他们的地盘上、给他们的人并为实现他们的目标来做演讲。这都说得通。但是由于那些现状、地盘、人和目标会因为客户的不同而不同，所以认为拒绝改变演讲内容能更好地传达你的价值过程的认识毫无道理。

"保质期"和创造长期知识财产的秘密

我给科威国际不动产的全国分支机构成功地做过一系列关于创新和创造性思维的演讲。在最后一次演讲结束后，移居服务公司的董事长告诉我他的员工从这些方法上受益颇深。

"不过请告诉我，"他说，"这些演讲有怎样的保质期？我想你肯定要通过不断的改动才能让他们保持新颖。这是职业演讲师的很重大的投资，不是吗？"

我吞吞吐吐地说了一些让他费解的答复，因为我想避免说出那些冷酷无情的事实：10年以来，我一直在用这种或者那种方式来做这种演讲。对于一些特定的例子，我会根据客户做出改变；同时，我会改动一般性例子，以反映时代的改变。(当大家都在听下载的资料的时候，你不会再使用磁带这个词去做类比。)他觉得它新颖又适宜。这不就是最佳的回答吗？

过程不会改变。一些演讲师靠描绘马克·吐温、阿尔伯特·爱因斯坦、亚伯拉罕·林肯和本杰明·富兰克林这类人的特点为生。这些历史人物吸引人的主要原因是他们提供的学识、智慧和教训历久弥新。现在，新鲜事物相对来说真的太少了。但是对勇于创新的演讲师来讲，把传统的观点应用在不断改变的世界、新的人口统计、新环境、日益增加的压力和新技术当中是一种不断的挑战。个体间的销售技巧曾是富勒牙刷或者雅芳的门到门销售人员的一部分技能，这些销售人员已经随着担负同等重要职务的夫妇和闭门谢客现象的出现而消失。但是这类以不同形式出现的相同技巧，对零售业的销售人员、电话销售员和其他各种各样的销售人员来说还是很实用的。条件和环境改变了，但是基本的过程和技巧不会改变。

当主题和某一固定事件不可救药地交织在一起时，保质期就成为一个问题。如果一个人的演讲主题与内容严肃的话题有关，假设演讲师把演讲和海地地震灾难的例子交织在一起，那么它的演讲会遭受由于观众距离例子太远而带来的冷漠反应。然而，只要使用在《华尔街日报》的"晨报"版块提出的现存问题和挑战性话题，以上问题即可迎刃而解（因为例子来自客户的实际环境）。我们将在下一章就具体结构来深入讨论这个问题。

为什么使用常识很少出局

在从业的前几年中，我经常担心会发生这样的情形：在演讲开始大概 10 分钟后，就会有人从听众中站出来大声说：

"怎么回事，你讲的问题太简单了！你为什么把我们的时间浪费在一些我们已经很了解的事情上？你就没有新鲜点的东西要说吗？"

我原来相信我讲的东西是每个人都已经知道的概念和原则，在进行了几年的与听众的分享后，我并没有被听众从讲台上拉下来。于是，我接受了一堂很有价值的课：大多数的听众通常不知道那些你认为是显而易见的事情，即便他们知道，他们也不介意再听一遍。

在我先前提到的给科威国际不动产做的一系列专题演讲中，有些人显然在会场出现了不止一次，因为他们拥有双重头衔，有资格用不同的方式参加会议，或者他们正在改变他们担当的角色。我尽量让我的教材保持新颖和多样，[①]但是有些重复是不可避免的。然而没有人提过一个字，我和买家都没有发现有人因为"以前听过这首歌"而表现得漫不经心。在我的主题演讲即将结束时，听众给我上了无价的一课。

主题演讲结束后，之前听说过我演讲的几个听众向我走过来。

"你为什么不讲怎样避免在飞机上和人说话的故事？"其中一个问。

"你还漏掉了你没有得到客房服务的那个故事。"

"我必须承认，"我说，"我演讲时认出了你们当中的几个人，

[①] 我们将在后面进行深入的讨论，但是在这些情况下表明某种观点的每个例子、故事或者轶事都必须有两三个后备例子来加强它。你必须有一个"故事目录"，这是我从伟大的演讲师珍妮•罗伯逊那里学来的技巧。

我还想过删掉你们在之前的会议中听到的另外一些东西呢。"

"千万不要这么做,"其中一个人大叫,"那是让这些观点真正起作用的故事。当我们每次听到这些故事时,都能从中得到新的东西。"

想象一下吧,人们要求我重复他们之前听到的故事!我自负地认为我知道什么是他们最应该学习的内容,并且不能重复。我认为我的工作应该保持新颖和有趣。我更加努力地工作,得到的却比我想得到的少。

当潜在客户看我以前演讲的录像时,我经常期待他们说:"给我们做同样的演讲吧,但是根据我们的行业、听众和文化的情况,请对内容做下列调整。"但是他们一般不会这么做。他们通常会说:"如果你能给我们做完全一样的演讲就太好了!"他们认为我天生就知道不会愚蠢到在大会上一开始演讲,就坚定地按照上一次的方式说"很荣幸能和这么多财会人员在这里认识"这样的开场白,仅仅是因为这一组人在录像上出现过。客户希望他的听众既能在内容,也能在过程中得到常识。

当然,每个人都知道做决策时要在考虑替代选择之前设定目标。是的,如果你想有效地管理时间,那么大部分的事你要尽量一次处理,这是显而易见的事情。我们都认为自尊建立在我们对自己正确的认识之上,这种认识不应该是由一张旧的"过时的东西或精神包袱"造成的扭曲的图片。如果是综合的演讲介绍,显然我们不能经常听到那些能融入演讲的独特、有力、积极和有趣的举例。

下面是我对避免将主题过分复杂和预防出现"保质期倦怠恐惧"提出的建议。

不要做以下事情。

- ▶ 把你的主题和最新的奇思怪想连接在一起。
- ▶ 相信与行业相关的例子。
- ▶ 根据每个客户的特点彻底重新命名主题(修改就可以)。
- ▶ 使用复杂的图表和图解。
- ▶ 把你的主题描述成是取得成果的唯一途径。

- 假设听众不知道你的主题或者不知道已经解决了它。
- 假装它是你的发明。
- 承认有些主题不适合这个听众。
- 把你的自我需要和听众的求知需求搞混。
- 使用别人的教材,即使不是他们的原创。
- 暗示你的听众在某些方面受到损失。

如果诚实地对待你的工作和意图,那么你就不会出局。世上很少有新东西,但是你能用有趣的方式来描述那些与听众环境和境况有关的过程,帮助那些多才和有利害关系的听众,从而加强某些重要过程的效果。

尽管我经常习惯于把整个商业世界看成是一个整体框架进行思维参考,但是请注意我们的前提是讨论适用于教育、青年、志愿者组织、非营利性和慈善组织、国际听众的公共研讨会,为内部组织的简短的专题演讲会和冗长的讲习班,以及几乎所有其他演讲师形成的"混合式"的组合。

> 人们掌握的常识比我们想象的少。建议人们应该自我思考,这很少会给你惹上麻烦。

暗喻、可视教具和实用转换方式的应用

现在,描述一个螺旋式楼梯。

如果你说"它是需要爬的楼梯,它表示的是一个围绕普通轴线持续存在的圆",我会听不明白。但是,只要你用你的手指做一个螺旋的动作,我们马上就能将其关联起来。

可视教具(暗喻只是概念性的可视教具),让交流一直进行,加快理解和激发兴趣。他们能明显提高你的吸引力,把你的观点阐述清楚。

我的一个主要原则是当你做好80%的准备时,你就应该开始行动,

在有必要的时候进行剩下的 20%。按照要求，如果完成所有的准备，剩下的 20% 往往需要投入大量的精力和投资，而且读者不会欣赏书中最后的 20%，演讲会的听众也不会欣赏演讲最后的 20%，美术工作室的参观者也是如此（见图 7.2）。

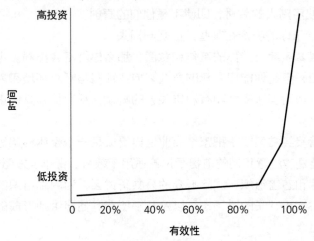

图 7.2　"80% 的迅速行动"的动态示意图

如果有了可视教具、类比、隐喻、提喻和转喻，你的境况就会好转。这适用于你的品牌（例如，"终极座驾"——BMW)、你的营销（"确信你不能只有一个"——雷的薯片）和你的演讲（"在八月份，天气热得像乔治亚州的沥青"，出自《蓝丝绒》）。

我曾经给惠普的外部和内部顾问提供过帮助，他们一直在为一个没有进展的提议奋战。他们讨论过研发、设计、技术支持和相互冲突的先后顺序。这看上去是一件很复杂、很难理解的事情，没有解决的希望。

我画了一艘简单的火箭船，然后说："你欠缺的是脱离速度。我们来看一下那些阻止我们前进的因素。"

我迅速找到了导航设备（战略）、燃料（管理支持）、平衡器（利益相关者的支持）、航空动力学（使任务合理化，丢弃次要的先后顺序）。在接下来的几个月里，人们讨论的是火箭如何达到脱离速度和进入运行轨道，而不是提议本身或者障碍。"是时候释放额外燃料罐了"是一个使用新隐喻的例子。人们开始在他们的桌子上摆放小火箭。

如果三架满载乘客的 747 飞机每天都撞到地面，你认为会有什么结果？在这一灾难中的死亡人数等同于过去几年吸烟导致的平均死亡人数，包括直接吸烟和间接吸烟。为什么我们没有对此产生同样的愤怒？

这段文字会让你觉得要是你的潜在客户和听众在就好了。让你的演讲生动起来，提高你的聆听者的价值，因为他们可能是潜在的买家或者听众。

这些方式经常出现。到写这本书为止，最新的一个方式是"有一个应用软件"，这指的是无数次用在苹果公司的 iPhone 的软件。这个词进入了词典，免费给苹果做了价值 100 万美元的广告，对你来说类似的用法值好几百万。

如果你要成为你的客户、听众、推荐人和其他人的重要目标，那么你必须要使用华丽的语言、共鸣的例子和清晰的可视教具。成为演讲师的危险是我们认为所有的事都得用嘴说。但是，"文字图片"和真实图片的创造事关我们这一行业的成功。

让大家心跳加速吧！

让你的演讲事业迅速发展的 15 个资源

下面是能让你迅速发展的想法。

① 与成功的演讲师建立关系。不要提及业务；表现得像同行。我的第一次演讲来自一个定好演讲日期并推荐我的演讲师。

② 每次为买家和听众创造带来适当收益的 6 种演讲。给买家提供"是"的选择。

③ 寻找受欢迎的主题。例如，很多人选择将领导力作为演讲主题，是因为领导力很重要，但是演讲效果很差。创造你自己

的知识财产，并实现它。

❹ 整理你的经验。在你学习或设计东西的时候，把你获得的经验和心得分门别类地放在普通文件夹或电子文件夹里。当你装满了其中一个文件夹时，就创造一次新演讲或者开发一个新市场吧！

❺ 在当地的社交场合、地方分会和大型组织的销售点进行演讲，在社会各个阶层开展工作。当地的红十字会会把你推荐给州组织，这个组织可能会是通向国家组织的跳板。

❻ 给当地的行业组织提供公益演讲，这些行业组织里有充当听众的各种企业和专业人士。

❼ 自愿主持评判小组会议或者帮助社区或学校召开会议。

❽ 如果你是俱乐部的成员，主动要求为那些对特定主题(战略实施、营销、销售或其他领域)感兴趣的会员举行一次餐后演讲会。

❾ 把你作为特邀专家介绍给当地电台脱口秀的制作人(但是不要花钱做一场脱口秀)。

❿ 把你演讲的音频和视频样片放在你的网站、博客和其他你能接触到的互联网接口上。

⓫ 自愿成为社区学院、当地大学、职业学校和成人学校等组织的公开讲座特邀讲师。

⓬ 创建一个博客，并上传一些与你的价值提议、专业知识和演讲主题相关的积极的文本、音频和视频跟帖。

⓭ 就与你的专业知识有关的主题进行一系列电话会议，一月一次，每次 45 分钟。用互联网来推销，并用下载资料来做宣传。[①]

⓮ 如果演讲师因为错过了班机、生病或者因为其他一些原因取消了演讲，那么让那些在你所在的镇或者其他镇上的大会和游客联络处知道你是可以利用的后备演讲师。

[①] 每次会议收费 100 美元，但是只能提供类似于丽贝卡·汉森提供的服务 (rebecca@rebeccahanson.com)。

⓯ 自愿成为公共活动、募捐活动、政治讨论会仪式的雇主(主持人)。

成名可以通过很多方法,同时也很容易被遗忘。要在推荐人和买家的面前展示你的名字和才华。

总结

内容是人们做的东西,但是过程是人们做这些事情的方式。因此,过程是可以在不同行业间转移的(例如,销售技巧在房地产和汽车销售中是一样的)。你掌握的过程越多,给组织做演讲的机会和被买家雇佣的可能性就越大。

因为很多的过程是持续存在的(例如,决策或解决冲突),并可以用在很多方面(面对面或通过技术),他们在有效性、要求和实用性上没有保质期。因此,如果你是以过程为中心,那么你的知识财产可以终生有效。如果你以内容为中心,你会面临被淘汰(现在没有人会找电子管专家)。

用我们这一行业的工具来强调你的影响力:隐喻、类比、转喻。用过程可视教具来加快理解和认知。最好的演讲师说得很少,而不是很多。以听众和买家需要知道的东西为中心,而不是以"主题"或者"演讲"为中心。

通过扩展你的思维来扩展你的事业。

第 8 章

创造大规模的演讲和讲习班

> 构想大规模演讲的规则和规程

在演讲业中,挣到大钱的人大多都在举办讲习班和研讨会,对此我们要认真对待。这是一件规模宏大的工作,也算是一件艰巨的工作。在我们这些非名人演讲师中,很少有人能继续仅靠做专题演讲来供养自己(过体面的生活)。即便可以,也无法忍受长期频繁出差的劳顿和演讲会对服装的严格要求,难以适应不安定的生活。

我在《天生冤家》讲习班上给演讲师进行一年一度的营销演讲时的搭档帕特里夏·菲利普,是世界上最伟大的专题演讲家之一。她经常坦率地说,如果现在她必须以专题演讲为生,那么她会饿死。因此,她将工作扩展到指导、咨询和产品销售领域。①

在任何情况下,你都要寻找、培养和保护你的材料来源。

● 将自己的独创材料和独创来源结合使用

有些人从没写过演讲稿,但是他们从前任那里继承过、剽窃过、

---

① 请登录 http://www.fripp.com 或者 http://www.summitconsulting.com 详细了解《天生冤家》和我们每年为专业演讲师做营销演讲的大纲。

买过、胡乱或者临时拼凑过演讲稿，而且现在还在使用这样的演讲稿。这样的演讲稿加上拙劣的舞台技巧无疑会使这些人一败涂地。即使他们有绝佳的舞台技巧，配上这样的演讲稿，也肯定做不到优秀(或成功)的程度。那样他们得到的只是没有牛排的烤架。

做好演讲准备工作需要遵循以下6条规则。

规则1：独创性/有效性。演讲内容一定要出自你手。

规则2：相关性。故事和轶事必须要与演讲主题有密切的关系。

规则3：遵循让听众舒适的原则。人们在感到轻松舒缓的时候学得最快。

规则4：遵循重视结果的原则。买家所面临的境况必须得到改善。

规则5：遵循面对成人的原则。要考虑到成人会用各种不同的方式进行学习。

规则6：遵循适时性原则。必须考虑演讲所处的不同的境况。

规则1：独创性/有效性

我曾经长途跋涉到密苏里的奥沙克湖给企业巨人尤利系统的高级职员做专题演讲。高层职员中大概有70人参加了会议。营销部的高级副总裁在起身对我做了一番介绍之后，马上讲了一个非常熟悉的故事。那是我的一段亲身经历，是我打算在那天早上介绍的一段经历！

一开始，我以为他是用这个故事来介绍我，但是我很快发现，他显然是在用这个故事来博取笑声。他只是把我换成了他自己，然后一字不落地讲了这个故事。他从我的一张CD上偷了这个故事，但是他忘记了故事的来源。他的这种行为创造了卡夫卡式噩梦效应，在介绍某人之前讲述了从这个人那里偷来的故事。

这种情况一直存在，而且经常出现在许多演讲师的演讲中。我听过不同的演讲师在单一主题的演讲中对内容做过多的变化，就好像拉威尔制作的《波莱罗舞曲》，其听起来像对每个乐章都有不同的构思一样。(《波莱罗舞曲》是法国作曲家拉威尔的作品，整个音乐在进行过程中，旋律、节奏和速度始终保持不变——译者注。)

不要盗用他人材料的原因有两个：

❶ 别人的故事就是别人的故事，如果这不是你自己的，那么使用它们就是不道德的；

❷ 你偷来的很多东西都不是真实的。

第一个原因不需要做太多的解释。我经常听到我的"东西"被以前听过我演讲的演讲师生搬硬套。借来的故事永远不会像原版故事那样使人震撼，听众的提问也不能得到完善的答复，原创者早晚会有所耳闻。如果我们没有符合道德规范的职业操守，那么我们就没有权利把这个行业称为一种职业。如果记者或作家使用别人的材料，会被称为剽窃。如果一个公司使用另外一个公司的所有权，会被称为专利侵权。如果一个人在转移到有竞争关系的公司工作时使用了原来公司的保密信息，会被看成是盗窃行为。

演讲师使用别人的材料也是一种犯罪和欺诈。企业听众经常能发现这种情况。因为他们见过很多演讲师，他们对这种情况一直持否定态度。买家不会再次邀请你，甚至不会支付余款。

> 如果只能通过剽窃才能得到材料，那么用电脑胡乱删改，或者去便利店里抢劫吧！那样的话，回报立竿见影，至少你的同伴会乐意招认他们做的事。

不能剽窃的第二个原因更微妙，维持独创性规则是主要原因。你从讲台上听到的很多东西都是不真实的。例如，我在不同的演讲会上至少听到300个演讲师说"你说的内容对听众产生的影响不到4%"，他们宣称超过90%的听众受到的影响取决于你怎样说，他们还引用了做过社会学研究的艾伯特·梅拉平博士的作品，将其作为统计数据来源。而后，这些演讲师阐述了"你用什么方法来描述一样东西，要比你描述的内容更重要"的观点。

这一观点的认识有两点是错误的。第一点，梅拉平的作品是在40多年前创作的，时间太久，它对现在这个动荡多变的社会没有什么可信度。第二点，也就是更重要的一点，他的作品（如果有人真的认真读过这部作品）建立在特定的社会环境和排队等待接受服务的人等因素之上。① 大概 10 年前，一个演讲师在一次国际会议上错误地引用了这部作品，之后，很多演讲师纷纷效仿，把这些没有用的东西融入他们的"表演"。任何一个了解心理学的人都知道这是假的，任何一个有正常思维的人都知道像富兰克林·罗斯福、小威廉·F. 巴克利、彼得·德鲁克和亨利·基辛格这样伟大而迷人的演讲家几乎完全依靠语言的自身魅力，而不是他们的舞台技巧来取胜。

让我们结束这个愚蠢的行为吧！

从职业道德来讲，独创性很重要，这是你自身演讲能力的根基。你不能因为它们被某个拿着麦克风、口若悬河的人说过，而去依靠这些随意性很强的"事实"。就像凯西·史坦格过去说的那样："你只可以参考一下。"

规则2：相关性

图片是有价值的，它们相当于 1546 个单词所表达的内容。

试着用两句不同的话开始一段谈话：

- ▶ 你的假期过得怎么样？
- ▶ 想不想听一听我的假期是怎么过的？

你认为哪个句子会引发更热心的和认真的反应？就听众的标准而言，让你的演讲尽可能相关联和听上去有舒缓的感觉很重要。即使这意味着会给你带来困苦，也要这样去做。让你在陌生的领域里煎熬要比让你的听众置身于这种感受要好得多。我知道达到这种目的的最好的办法是提前与潜在的听众交流。

询问客户是否允许你给随机挑选的听众打电话。为了不会花费他们和你的过多的时间，告诉他们你只是想问他们三个简单的问题以帮助你准备演讲。一定要保证语音信箱、电子邮件或者传真都可以使用，这样你就不用和忙碌的人玩电话捉迷藏的游戏，而且能缩短这个过程。

提出那些可以给你的演讲增加相关信息的任何想问的问题，下面是我允许你盗用的三个普通问题：

---

① 例如，他使用了在邮局里奋力插队的助手来检验顾客的反应，一些人友善微笑，另外一些人则粗鲁固执。请参考 A. Mehrabian 和 J.A. Russell 的 *An Approach to Environmental Psychology*。

(1) 目前你在工作中遇到的最大挑战是什么？
(2) 如果明天你只能改变一件事情，你想改变什么？
(3) 你会给在你的位置上的新人提供什么样建议？

我会根据需要调整这些问题，但是它们几乎在每种环境中都经得起考验。我在演讲的不同连接处使用这些问题的反馈答案，所以在一个小时的专题演讲中我大概会使用三次"你告诉我的……"。提前这样做可以让你在需要的情况下，尽情地把反馈融入你的视觉教具。永远不要说你与多少人谈过话，只要在引用时说"在过去的几个星期中与我谈过话的那些人说"就可以了。

我的经验是，如果你的要求是礼貌的、由你本人直接提出的，而且你提供了不同的反馈方式，并且要求是简短的，那么没有人会拒绝帮助演讲师改进给公司提供的演讲。

> 讲他们需要的东西，而非所有你知道的，但不要轻易就告诉他们。

"语象"(verbal picture) 可以是一个故事、轶事、经验或者隐喻，在彻底说服听众之前，可以用它来击败听众一个极端的观点。最经典的一个例子，就是大学招生办老师经常会对一些新生说，"看看你左边的人，看看你右边的人，然后想一下，在未来的四年里你们三个人当中会有两个离开这里。"

一个语象相当于 1 546 个单词的信息。因此，如果你的专题演讲需要一个小时，那么相当于需要大约 1 万个单词，你可以用 6.468 个故事来代替这些单词。我是怎样得到这些数字的？有人告诉过我艾伯特·梅拉平做过这样的研究。

规则3：遵循让听众舒适的原则

除了幽默之外，没有有趣的东西。

没有任何东西会像自我贬低式幽默那样能让听众有舒缓的感觉。舒缓的环境气氛是成人学习的一个主要因素。如果我感觉不舒服，我就会抵制、不专心、注意力不集中和把思维带入内心灵魂世界自省。

如果我处于舒缓的感觉中,会乐于接受、真诚、关注外界和使身心处于"在场"状态。问题是大多数演讲师认为舒缓的感觉是由外部因素产生的,因此只注意房间的温度、座位、中间休息的安排和很多其他不相关的环境因素。事实上,有一些自封的"教练"会专门研究外部环境。我曾在电力供应中断、音响系统瘫痪、靠近基督教集会场所、紧邻街道建筑群和能看到落基山脉全景的房间里做过演讲,还在后面有同声翻译、服务人员不停地运送菜肴和有从其他刚刚结束的活动中匆匆赶来的参加者的房间里做过演讲。这就是生活,我几乎让每个听众都融入其中(但是如果现场有恐怖分子安放的炸弹,那种恐惧感还是很难处理的)。

事实上,实现舒缓的感觉是内在的和本质的,应该是我们关注的主要中心,而不是去关心水杯里有多少水。幽默让人们放松,由于大多数的幽默都是建立在他人的困苦之上的,所以最好保证幽默是自我贬低式的,并且只是针对演讲师个人的。人们倾向于同情和怜悯("我有过这样的感觉"),他们不是仅仅理解你的境况,还有随之而来的理解。

幽默有两种基本形式:普通的和特殊的。送你一条经验法则:不要使用前者。

通用的幽默体现在那些经典的简单故事里,我在早期职业生涯中还用过一个幽默(我是在一本全国杂志上看到的,但是我没想到别人已经发现了它)。我之所以在此列举它们,是希望它们被曝光并永远失去效用。

海军船的故事

一艘巨大的海军船在一个黑暗的暴风雨夜沿着海岸慢慢前行。天气非常恶劣,能见度很低。突然一道亮光划破了阴霾,那是另一只船在航行,航向冲突,碰撞即将发生!

一条信息从那艘船上发送出来:"我们在冲突航向上,将你的航向向北调整 20°。"回答:"碰撞危险告知收到。将你的航向向南调整 20°。"

第二条信息从这艘大船上发出："这是海军少将哈维·约翰斯顿，将你的航向向北调整20°。"第二次回答："这是四等海军阿诺德·琼斯。将你的航向向南调整20°。"

第三条信息："我站在海军最大主力舰的驾驶台上。所有的枪和导弹都已瞄准你，将你的航向向北调整20°。"

最后的回答："我站在灯塔上……"

沙海胆的故事

一个小男孩向海滩走去，不断地停下，把被潮水冲到岸上的沙海胆扔回大海。一个人走过来问他在做什么。

"我在拯救沙海胆。"男孩说。

"但是岸上有几千只沙海胆，"大人说，"你这样做没有意义。"

把另外一个沙海胆扔回大海后，男孩回答说："对这只来说有意义。"

讲完第二个故事后，我想说，沙海胆会被驻扎在沙滩边上的梭鱼吃掉，这是沙海胆有意留在海滩上的原因。在海滩上他们可以舒服地生活，某一天还会建造自己的公寓，但是那是另外一个故事。

使用自己特有的幽默。我们并不是喜剧演员或幽默作家，这不是我所要说的。我们每天都会笑，经历一些讽刺的事情，把它写下来，做个笔记。我们还应该把突发事件记录下来，然后将它重新编到你的材料里。下面我举一个例子，用来强调存在于美国的"这不是我的工作"的这一观点。这种观点真实存在，和我描述的一模一样。

凯悦热线

我住在澳门凯悦酒店，桌子上的一张纸用粗体字写着澳门凯悦酒店热线："不管大事小事，24小时提供服务。如有需要，请致电澳门凯悦酒店热线。"

我没有客房服务菜单。于是，我拨通酒店热线，一位女士接了电话："凯悦酒店热线。有什么可以帮助您的吗？"

"我是734房间的艾伦·韦斯，我这里没有客房服务菜单。"

她回答："抱歉，我们不负责这项工作。"

我继续问她，他们是否负责核战争，因为我需要知道什么样的标准才能有资格得到凯悦酒店热线的帮助。

所有的幽默都是建立在不适之上的。在这种情况下,没有得到我想要的帮助让我很失望。

下面是把相关的幽默和故事添加到你工作中的另一个窍门:总是为每个需要讲幽默故事的场合准备两个幽默故事,其中一个备用,具体原因如下。

① 如果参加者不明白,那么他们有时会要求列举其他的例子。(人们用不同的方式进行"学习—参考"规则:遵循面对成人的原则。)

② 有时你会意外地发现以前听过你的首选故事的人坐在房间里。

③ 即使不存在上述两条提到的问题,故事也有可能不起作用。你可能会被设备问题或者其他骚乱打断。如果最近发生过一次空难,那么一个与飞机有关的故事也可能不合适。

④ 一个故事可能对特定的听众不适合。我不会在酒店大会上讲述凯悦酒店的故事,因为这样会让凯悦在他的同行面前很尴尬。(尽管我愿意在凯悦内部会议上讲这个故事。)

三种幽默

① **玩笑**。有一些书面的故事是以有名的"两个人走进一间酒吧里"或者"你知道……之间的区别吗"开始的。他们在演讲中从来没有发挥过作用,原因如下。

- 有些听众肯定听过这些笑话。
- 他们通常和你的实际主题没有关系。
- 大多数的玩笑都存在冒犯别人的可能,因为他们通常和别人的弱点或者困苦有关。
- 不是每个人都"明白"笑话或者认为笑话有趣。

可以在喝酒或者家庭聚会时为了开心而使用玩笑,并且在开玩笑时要保持理智。

② **故事**。如果故事新颖且以事实为基础,那么他们会很有用。当然不是所有的故事都是幽默的。但是,那些幽默的故事应

该有自我贬低式的幽默。如果故事是你的,那么以前不可能有人听过这个故事(或者讲过),把故事当作幽默的重要来源,具体原因如下。

- ▶ 他们与个人有关,并且是在谈话的时候提到的。
- ▶ 如果没有人盗用这个故事,那么它们是新鲜和新颖的。
- ▶ 听众总是说:"我有同感!"
- ▶ 他们是被挑选出来、经过改造后用来补充你的主题的。

按照节奏和时机来调整你的故事。时刻注意增加你的收藏。

❸ **即兴发挥**。即兴发挥的幽默是最危险的,也是最有趣的。它是你对一个自发事件的反应,缺乏事先准备。如果它发挥作用,使用幽默会让听众激动紧张。(即兴发挥的意思就是"自由的"。)这种幽默起作用,是因为:

- ▶ 它是"短暂的"、简洁的;
- ▶ 它表现出庞大的智慧和智力;
- ▶ 它能刺激事件周围的人,令他们兴奋不已。

永远不要用即兴幽默来羞辱任何人。但是,用它来嘲讽一种情形就不会是批评别人了。

有一年,我在丰田金融服务公司做专题演讲,在介绍七月份在菲尼克斯受的困苦时我听到了很多善意的戏谑。在菲尼克斯,即使在阴凉的地方,气温也有114华氏度。我走上讲台面无表情地说:"我知道你们为什么来这里,我一点也不觉得奇怪。因为太阳的表面已经被预订一空(只剩下太阳内部了)。"从那以后,我说的所有的话都是金子。

让幽默成为你每次演讲的一部分。我不属于那些说"尽量不要耍幽默,除非你是喜剧演员"的流派。成人学习依赖于舒适度,正确指向的幽默能创造短暂的舒适。通过使用真实的突发事件、谋求自我贬低式的幽默和用熟练易懂的方式来讲述真实的故事,每个人都可以在任何演讲中加入幽默(我见证过它在颂词和法庭中得到的完美应用)。

规则4：遵循重视结果的原则

你去了那里并且离开了，那又能怎样。

每次珍贵的演讲、培训会议、讲习班、研讨会、帮助大会和主持事件都应该有结果。例如，一次幽默的餐后演讲应该给参加者留下一个积极的心态，并让参加者对当时的境况感到满意。一项与时间管理有关的培训项目应该给听众留下实际的管理技巧。一个与多样化有关的讲习班应该让参加人欣赏文化的差别和不恰当语言的有害影响。

如果你希望目前的买家再次雇用你，或者需要给未来的买家提供珍贵的参考，那么你必须提供适用于主题和客户环境的结果。如果让人们生气是买家的目的，让他们稍微生点气也没有错，那样会使人们在你演讲后一段时间向买家展示的技巧、技术和方式更有力度。

结果起源于经济型买家。问一问他或者她需要实现什么。如果买家说，"我还不确定"或者"我们只想开心一些"，一定要问"问什么"。回答就是启示，比如，"去年的会议太枯燥了，我们觉得一个精力旺盛的演讲师可以让事情有生机，或者"我们的人去年过得很艰难，但是他们的表现很让人钦佩，应该有人告诉他们自己有多么优秀"，或者"从与会人员的职业和个人生活来讲，我把我们的任务看成是指导他们"。然后你可以问，"如果他们带着（技术、技巧、态度、意识形态或者其他东西）这些东西离开，会对你的目标有帮助吗？"如果坚持这样做，买家就会说，"这是我希望看到的事情。"

如果你没有得到买家层面上的介绍，那么可以寻找接近那个人的方法。请参考第4章的内容。

我认识的很多演讲师不需要费力寻找真正的买家（他们被一个会议策划人雇用或者就职于一个演讲机构）和/或者不用费力去了解什么是想要的结果。他们把自己的工作当成是专题演讲或者在讲习班上做演讲。他们收了支票之后就会离开。这和销售员在打销售电话之后认为工作已经圆满结束是一样的。销售人员应该带来新的业务，演讲师应该通过得到一致同意的结果来实现买家的目标。你得到过多少主动提供的返单业务？有多少次买家给你打电话说："我们这边发生了一些只适合你解决的事情。"(或者有多少次新客户会打电话说:"我的一个同事向我推荐了你,他说我必须雇用你来为我们的会议服务。")大多数的演讲师举步维艰,因为在新的条件下他们花费大量可利用的时间从新的买家那里争取新的销售。他们虽然有推荐信,但是他们从来没有被转介,他们有客户名单,但是他们与客户没有关系。

用取得的结果开始你的演讲准备工作。如果你不知道他们是什么,寻找买家,然后开发他们。

规则5:遵循面对成人的原则

人们用不同的方式学习:不要以己度人。

人们用不同的方式学习,这里不是比较他们哪个是更好的或者更差的方式,这些只是不同的方式。我不是在谈论深奥的(和相当模棱两可的)右脑/左脑整理,或者像"司机""专家型"这样的概念标签,或者其他任何类似的无稽之谈,我说的是可以看得见的学习行为。

我们中的一些人倾向于借助图片理解事物,还有一些人喜欢接受按顺序的语言叙述。有些人在团体学习中感到高兴,但是另外一些人喜欢独自理解。不愿意主动参加角色表演和演示的人与冲上舞台参加角色表演和演示的人一样多。

成年人会自己做决定。你提供选择和挑战假想都是可以的,但是认为你的替代选择对任何人来说都是最佳选择的想法是不对的。相当多的演讲师要求听众触摸一下靠近他们的人,通常是用贴脸和拥抱的方式,他真的需要了解那种做法的效果。但是对于很多人来说,这是一种完全不合时宜的亲密举动。一些演讲师在要求听众自己唱歌、跳舞或者参与其他肢体运动来寻找一些对演讲的支持时,会激动得面红目赤。他们认为这是对个人的羞辱,其实并不是,这只是个人的选择。

人们是多样的,他们学习的方式也是多样的,最好的演讲准备应该包括对这方面的了解和认识。对演讲师和他或者她的准备与态度来讲,这至少意味着三件事情。

❶ 提供不同的信息来源和传递信息方式。例如,使用图片和文字,说明书和幻灯片;提供汇总表格和详细文字;使用自愿

第 8 章 创造大规模的演讲和讲习班

的互动影响,还可以使用讲义来总结主要的观点。

❷ 永远不要要求观众参加他个人认为有损人格的所有活动。如果你想进行角色表演,那么解释一下情况,并询问是否有志愿者;不要抓着后排的人不放(这个人坐在那里是有特殊原因的,除非他或者她迟到了);不要要求人们互相接触或者显示亲密,例如,对你的搭档说一些以前从来没有告诉过任何人的事。(有一次,一个演讲师提出这一要求的时候我真的在演讲现场。我的搭档当时说:"讲习班刚开始几分钟,我就已经讨厌这个演讲师了,在今天早上之前我从来没有把这件事告诉过任何人。")永远不要要求人们相互接触,比如说碰碰后背或者其他类似的愚蠢行为。

❸ 坚持给有疑问的人提供帮助,任何事情都不要往心里去。我见过有些人在我刚说完"早上好"之后的 90 秒钟内就离开我的演讲。我认为他们有充分的理由这么做,比如突然要上厕所,意识到自己走错了会议室,或者坐在他们旁边的人有体臭使他无法忍耐。我把听众提出的每个问题都看成是诚实的和真诚的,除非我有不容置疑的反面证据证实他们不是诚实的和真诚的。例如,"我不能认同你的说法。你能给我举一个好一点的例子吗?"这就是一个合理的和有价值的问题。"我认为一个女人没有权利向我们发表与管理主题有关的言论。你知道你在做什么吗?"这就不是一个合理的和有价值的问题。

当演讲师登上讲台的时候,他们被赋予巨大的信誉和支持。听众也想成为成功的一部分。只有不到 5% 的参加者(也就是说 200 人中有 10 个人,或者 20 个人中有一个人)有强迫型人格障碍,这些人想看到别人失败。这就像人们可能会停下来看一次交通事故,但是最终没有人愿意上前帮忙。

在你准备你的演讲和讲习班的时候,请给你的听众同样的尊重。不要插入那些只会让你看上去美好而对听众来说缺乏学习要点和相关性的故事或者练习。建立备份和替代选项以备某一部分举例不起作用或者失败时使用。留出回答问题的时间。如果没有提问,你可以继续添加支持性资料，但是缩短听众提问时间是致命的错误，因为你需要强制性塞入太多的材料。

你可能从会议策划人那里听到了什么，似乎觉得演讲会是按照时间进行计价的，但是一场美妙的演讲会提前10分钟结束，一次迷人的研讨会提前40分钟结束，并且不会有听众或者买家投诉。但是如果你的演讲延长了5分钟，那么你就会失去大部分听众的注意力，更不用说这种做法给日程表上其余议程造成的损失了。①

规则6：遵循适时性原则

那是过去式了，考虑一下现在应该怎么办？

最后，保持内容不要落伍。大家厌倦了迪士尼乐园神奇王国夜晚的电光巡游和垃圾乐队（"我们是表演的一部分"），而强生对泰诺胶囊的干预和防篡改包装新方案的推出，和洗发水在商标上增加了"反复冲洗"的警示语却使销售额增加了一倍。

找一些用在老套过程中的、与时俱进的例子。读一遍早报；在项目开始之前和客户端参加者聊天；看电视或浏览互联网上的新闻。

我想知道明天会有什么东西对我有用，而不是昨天有什么东西对别人有用。更新你的附属资料、例子、网站和谈话，并保持与时俱进。你会希望得到同样的尊重和关心。

除了你在发表演讲而听众在听演讲这一点之外，听众和你没有什么不同，除非你让他们有所不同。

●人们用不同的方式学习：不要以己度人

这一部分是写给你们当中那些必须用公式或者模板来从头创作演

---

① 作为国际人力资源信息管理人员协会最后一位做好充分准备的演讲师，我在侧厅里耐心等待的时候，慈善协会的一个让人无法忍受的主任花费他所有的时间和我的大部分时间来游说企业捐赠。会议策划人的话就像雨后的蘑菇，越来越多。在结束自我介绍后，我只有20分钟的时间。我用"鉴于时间的关系，我会进行简短的演讲"这句话赚取了雷鸣般的掌声。在20分钟内，我结束了演讲，然后离开，我的费用提前6个月付清，还得到了整个会议的最高评价。

讲的人们。这很公平。前面讨论的概念部分是一些难以消化的理论。下面的几页很简单,但是这只是在你已经理解了前面的内容的时候才会觉得如此。

构建一次成功的演讲需要 8 个主要的步骤:

> 步骤 1: 预期成效产出
> 步骤 2: 时间框架和顺序
> 步骤 3: 主要的学习要点
> 步骤 4: 草稿汇编
> 步骤 5: 故事、案例、过渡的支持
> 步骤 6: 视觉教具和宣传资料
> 步骤 7: 建立开头和结尾
> 步骤 8: 练习演讲及调整节奏和时间

我们假设一个客户要求你给一个 50 个人的管理团队做演讲,这是在竞争市场中一个成功的高科技公司。运营副董事长希望灌输一些人们可以不断用来提升自身标准和超越竞争对手的技巧。你的演讲是长达一天的会议的开始。所有其他的演讲师和活动都与内部人员有关。

步骤1: 预期成效产出

你要求副董事长详细说明那些他希望在你演讲结束一段时间后看到的成效(结果规则)。他说要有两个短期结果和一个长期结果。短期结果是:

- 准备让参加者"开发"自己的想法,如此一来,他们在剩下的时间可以利用开发创新的有利条件和"立即可用"的观点;
- 提供一些简单的技巧,参加者可以使用这些新颖的和有创造力的技巧和方法来完成工作。

长期结果是:

- 灌输一种自豪感,即实际上他们一直都很有创造力,这种自豪感是公司今天如此成功的原因,并且不应该因为公司成长得太迅速和引人注目而变得保守或者产生自我防卫意识。

步骤2：时间框架和顺序

你有 90 分钟的时间，包括所有的问答时间。在副董事长做完简短的欢迎和介绍之后，你就可以开始会议了。演讲结束后有 15 分钟的休息时间，随后开会讨论你提出的公司目前面临的主要问题的影响，这些由公司的中层领导来进行。

你要相信，对于实现目标来讲，时间是充分的和适当的。

步骤3：主要的学习要点

90 分钟是相对短暂的一个时期，充其量只能围绕提出的 3 个预期产出成效而强调一些学习要点。你可能会选择不同的要点，但是我会选择以下 4 个。

❶ 专注于解决问题是创新的敌人，占用了创新的时间和注意力。除非创新被正式确立为一个过程，否则不会出现这样的问题。

❷ 公司应该奖励他们真正珍惜的东西，公司员工的行动应该是这些奖励的结果。由于管理者们是榜样，他们必须在未来继续奖励那些标志着公司过去和现在成功的创造力和创新。

❸ 我们总是严格检验失败的原因，但是我们很少检验成功的原因。这是一个成功的团队。我们要明确我们为什么会成功，这样我们才能复制、沟通和对他们进行改进。

❹ 在大部分的公司中，存在着通用的创新来源。我们研究一下，然后决定怎样在公司中发现和利用他们。

请注意要把学习要点和短期、长期结果结合起来，同时结合说明性（在此有 10 种原始资料）和判断性（为什么我们如此成功）过程。这只是对各式各样的成人学习规则的一种举例说明。

步骤4：草稿汇编

从使演讲流畅和有趣的观点来看，现在我要为学习要点安排最有意义的顺序。我选择先用要点 1 作为交流的开始，然后用要点 2 来举例说明经理们通过奖励来控制他们自己的环境。要点 3 和要点 4 实际上是一致的，它们可以让我用快乐的方式对他们当前的成功进行表扬，从而结束演讲。

步骤5：故事、案例、过渡的支持

用故事（记住独创性／有效性和相关性规则）、例子和从一个主要观点到另一个观点的转变来支持你的观点。我会用以下资料来支持我对解决问题所持的观点：

- 介绍问题解决的概念和创新的概念；
- 检测听众是解决问题的人，还是创新者（练习会让他们感到自己比想象的更有创新性，还会让他们自己大吃一惊）；
- 对公司在每项工作上花费的时间进行评估；
- 公司自己解决问题的例子（他们能很好地解决旧事务，但是创造新事物的能力太差）；
- 过渡到这一节的结束部分，这一部分将测定哪些奖励是公司支持解决问题的，哪些奖励是公司支持创新的，并促进他们来进一步强调后者。

从你的个人"记录簿"里挑选适合的故事。注意不要使用你常用的故事和例子来开始。他们当中有些人可能很适合，但是如果你以他们为开始并围绕他们建立演讲，那么你只会复制别人的演讲，而且这些演讲是别人为需要他或者她的演讲的客户创造的。

步骤6：视觉教具和宣传资料

根据你的时间范围、环境、主要观点和支持性材料，想一想什么适合做图片（电脑制作的幻灯片、图表、视频和其他材料），什么适合做实例、会前宣传资料和会后笔记？如果材料事前发放或者作为加强材料出现会有最好的效果吗？按照成人化规则来改变你的音频、视频和文字资料。①

请注意，不能使用正好在你周围的宣传资料或视觉教具来确定他们是否适合，即使你已经在此花费了大量的资金。

他们中有很多可能适合，但是如果你用他们开始，那么你是用别

---

① 如果你们中有人使用那些一知半解和过于简化的"填空"式参考书（例如，"我们必须——才能引起听众的注意"），那么回到第一页开始慢慢读。（画线处的正确答案是"付钱"。）

人的结果开始。

在这次举例中，如果我确定房间光线柔和，并且还能为显示器提供理想的能见度环境，那么我会给 50 个人看幻灯片。会议结束时我会使用总结性宣传资料，但是在会议过程中什么都不用，因为我不喜欢人们按照他们面前的文本把注意力划分为我的信息、反应和理解。如果他们选择这样做，那么我会建议人们做笔记，因为很多人写下学习要点后会学得更好。

如果你选中了一段单独的问答时间，那么让它成为演讲后半部分的一部分，不要用它来做结尾。

步骤7：建立开头和结尾

到目前为止，你构建的都是演讲或讲习班的主体步骤。步骤 7 绝对是最重要的——演讲越短，它就越重要——但是只有到现在，步骤 7 才能出现。因为开头和结尾之间是直接联系的，所以我认为同时构建才是最好的。记住那条让听众舒适的规则。

在构建完演讲主体之后再创建开头有些不可思议。

观察你的演讲预计成效和主要的学习要点，然后问一问自己，为了创造这一成效结果，你打算怎样开始自己的演讲，怎样激发听众认真听演讲的积极性。这涉及以下标准。

❶ 让他们热情参与(不仅仅是承诺)(相关性规则)。其可以通过一个故事、幽默小品、与公司有关的挑战性事实、引用你给参加者进行的采访、自相矛盾的事或者挑衅来实现。要使用那些让你感到放松和最适合主题的东西。

❷ 通知听众接下来要讲的内容。让他们通过简单地总结你的方法来给你将要强调的要点做准备。这样可以使人们提前行动和开始为他们自己的学习做计划。(如果你提前使用宣传资料，现在是参考这些资料的好时机。)是时候"告诉他们你打算告诉他们的东西了"。尽管这可能需要听众具备敏锐的感觉力和借助于你的多次启发和重复提醒。

❸ 顺利地过渡到你的第一个要点。让你的听众在知道即将讲述

第 8 章 创造大规模的演讲和讲习班

要点之前就全力倾听,这样这个过程就开始了。

对一场专题演讲来说,恰当的介绍通常不会超过两分钟或三分钟。对长一些的演讲来讲,介绍过程通常包括人们向旁边的人介绍自己或者简短地解释他们参加这次会议的原因。这是"活跃气氛"的活动,但是这确实与演讲的布局和气氛相关,与学习目标和目的无关。即使是一场为时一天的研讨会,你也要让演讲开始于一个有效的话题,否则人们可能已经在这个环境中有放松的感觉,却还不知道待在这里的原因。

我的开头是以一个与官僚主义有关的有趣故事开始的。我曾碰到一个客户,他因为语音信箱系统崩溃而无法与他的办公室取得联系。然后,我借题发挥,探讨怎样让这个公司避免这样的尴尬,并讨论引起此类尴尬的原因,这些都是我在电话采访(以结果为中心)中看到的和听到的。我还打算使用从一个副董事长的简短开场白中摘取的谈话内容来创作一系列主题。

> 就主要出发点和发动行动的号召而言,开头和结尾是所有演讲的最重要的部分,因为开头和结尾能够告诉听众他们为什么在那里听演讲,以及承诺学习和获得成效的关键和对行动的呼吁。

结尾(告诉他们你已经告诉过他们的东西)应该来自对演讲中提出的结果成效和要点的评价,它应该包含两个因素。

① **主要的学习要点**。主要的学习要点是那些你希望参加者记住的那些要点。他们以结果成效为中心。你应该在演讲结束的时候对他们进行正式的总结,任何支持性宣传资料或者跟进资料都应该以他们为中心。这样的资料相对来说较少,因为人们的焦点是有限的。在我的演讲中,学习要点可能包括:
  - 随着每一项新挑战的到来,要先努力创新(不是解决问题);
  - 选择和你工作最有关联的三个创新来源;
  - 支持和奖励那些已经做得很好的行为。

② **发动行动的号召**。在以娱乐或只是以告知为目的演讲中,这

一步通常不必要出现,然而它在其他的演讲中也经常被忽视。买家希望人们离开会议后做什么?这是所有结果中最先出现的结果。在我的演讲中我唯一会选择的行动就是发出行动号召:

▶ 在接下来的分组会议中,使用创新的方法来解决你的推进者提出的挑战,同时马上尝试提高标准,而不是修复损失。(至此,我的开场白已经从我的介绍人的发言推向下一阶段,转向下一个议事项目。)

永远不要用问答来结束一场会议。如果在演讲过程中你没有自发地回答问题,那么在结束之前停下来给出答案。虽然幽默在结尾可以起到良好的作用,但不要认为用有趣的故事来结尾是你的责任。最后,不要太自信地认为,你的演讲成效与结尾得到的起立鼓掌喝彩以及"微笑调查表"上的评价有关。结尾的效果与演讲完成主要的学习要点有关,买家想要的结果成效从这些要点而来。如果你的演讲带来了成效,那么你会再次被雇用,还会被推荐给其他人。如果不是这样,那么你获得的喝彩和满分的评价只会带给你短暂的回忆。

步骤8:练习演讲及调整节奏和时间

你只在确定必要和有合适结果的时候才能调整时间。练习演讲,就像真正在会议上做演讲一样,要留出时间做介绍、提问和简短回答,还要考虑给你希望得到的短暂的笑声留出空间。(如果在你不希望笑声出现的地方出现了笑声,你不仅会遭遇紧迫的时间安排问题,还会面临其他更多的问题。)

一定要提供自己的介绍。永远不要给介绍人寄资料并建议介绍人去选择合适的材料。永远不要指望介绍人已经收到或者阅读了资料。提前给你的介绍人打电话。在演讲时带一份自我介绍的副本,因为你不知道你寄的那份是否发到错误的地方。让介绍保持简短,在一张大纸上用粗体隔行打印,然后告诉介绍人在得到介绍材料的时候一定要读它。有时候采用威胁的办法会有帮助。

如果你的演讲太短,那么围绕每个支持要点给结果添加一些例子。好的举例一般为时2分钟,并且能够巩固学习,因此他们是你最大的赌注。如果你用的是视觉教具，那么考虑用一些其他的支持教具吧。对长一些的演讲来说，可以安排更多的听众参与角色扮演、应用活动、小组工作和/或促进讨论。

如果你的预计演讲时间太长，那么尽量去掉那些多余的故事和图片，你是为了让听众获得放松的感觉和装饰演讲而把他们加进来的，他们对演讲效果毫无意义。如果你还添加了预先决定的问答时间，那么将其减少或者取消。如果开头含有打破僵局和活跃气氛的语句或者一些统筹安排的内容，那么考虑减短开头部分。(大部分活跃气氛的语句都是为了让演讲师感到舒适而不是为了让参加者感到舒适。)①

记住，短点要比长点好。如果你发现只有去掉一些核心要素才能减短演讲，以利于分配时间，那么说明你在太短的时间里采纳了太多的主题。最好的办法是重新与买家见面，建议买家或者延长时间，或者减少期望的结果。

如果你希望在保持演讲的条理性和连贯性的前提下改变故事内容、演讲顺序、把演讲转向其他方面，那么必须确保时间可以允许你这样做。把练习录下来，大约一天后重新听一遍。邀请别人对你的演讲进行评价。从买家要求的结果和听众学习的角度来讲，如果你坚持简单的标准，会发现你的演讲很优秀。

创建一个演讲的 6 条规则和 8 个步骤

6 条规则

规则 1: 独创性/有效性。演讲一定要出自你之手。
规则 2: 相关性。故事和轶事必须要有密切的关系。

---

① 我不是在跟你开玩笑。我曾经见过两个"专业"演讲师在主要演讲师上台前给 25 个人说了 90 分钟活跃气氛的话。我们当中那些一直在排队的演讲师大声喧哗，直到我们上台解决他们留下的混乱局面。

> 规则 3：遵循让听众舒适的原则。人们在感到放松的时候学得最快。
> 规则 4：遵循重视结果的原则。买家所面临的境况必须得到改善。
> 规则 5：遵循面对成人的原则。成人用各种不同的方式学习。
> 规则 6：遵循适时原则。必须考虑到演讲所处的不同境况。
>
> **8 个步骤**
> 步骤 1：预期成效产出
> 步骤 2：时间框架和顺序
> 步骤 3：主要的学习要点
> 步骤 4：草稿汇编
> 步骤 5：支持性故事、例子和转变
> 步骤 6：视觉教具和宣传资料
> 步骤 7：建立开头和结尾
> 步骤 8：练习演讲和调整节奏和时间

90 分钟规则

对于时间长一些的讲习班，我愿意在这里分享创造和功效的奥秘。和我共过事的人不是用高层次的内容来填充讲习班，就是为了把研讨会的时间减少一半而在选择的过程中痛苦挣扎。

首先，请遵守我的规则。

精彩的工作坊的创意规则

❶ 确定学习目标。根据人们投入的时间询问客户他们想把什么

做得更好。①

❷ 按照参加者的经验、熟练程度、责任心、教育程度和期望值来评价他们。

❸ 临时设计一些必需的要素，记住要点1。告诉他们需要知道的东西，而不是你知道的所有东西。列举一些你认为最实用的、最有效的练习、图片和宣传资料。

❹ 从买家那里得到反馈。

❺ 完成设计，包括时间要求。

大部分人从要点5而不是从要点1开始。也就是说，他们在没有考虑学习需要的情况下就同意了"两天的领导能力讲习班"或者"半天的战略步骤演讲"的要求。我意识到强加给你的规定的演讲时间，往往远不及你想象的那么多，因为演讲师和培训师很少会(如果说会的话)对时间提出质疑。众所周知，这么做是彻头彻尾的、很随意的专制霸道行为。

所以要最后设定时间范围，除非有不能这么做的强大理由。如果不这样做，你会发现你不是在为填满一段太长的时间而挣扎，就是为了满足减小时间的要求而去掉"重要"因素。(这是你永远不能按照天数或者参加人数来确定收费的原因。你的价值与你出现的时间长短没有关系，只有让每次讲习班连续进行4个星期，你的价值才能得以完全展示，这意味着你根本就没有自由支配的时间。)

如果你接受这5个规则，那么在你的演讲中使用90分钟规则吧！

一般来说，包括休息和午饭时间，讲习班从上午9点开始到下午5点结束。我建议你从上午9点开始到下午4点结束，因为最后一个小时最容易产生疲劳。(再强调一遍，由于在出现疲劳之前学习效率最高，疲劳出现以后效率就大大降低，所以关心"用掉"最后一个小时的低级会议策划人或协调人关注的是每小时付的钱，而不是价值。)

---

①考虑到同情心，忽视教练和培训杂志喜欢讲的"4个衡量标准"吧！唯一值得补充的衡量方法是改进的业绩。那些会做测试但不会工作的人没有价值，很多人不会做测试，但是可以精彩地完成工作。

这意味着减掉一次休息后,在上午 9 点到中午之间你有两个 90 分钟的时间段,和下午 1 点到下午 4 点之间的时间安排一样。减掉 30 分钟后共有 4 个 90 分钟的时间段(两个 15 分钟的休息时间段)。每天 5.5 个小时的时间,也就是说每天完成 4 个主要要点,每个 90 分钟时间段完成一个要点。如果你有 8 个要点,那么需要做一场 2 天的演讲,如果你有 6 个要点,需要做 1.5 天的演讲。

什么是"主要要点"?如果你希望实现买家想要的目的,不能遗漏的学习要点就是主要要点。它可能包含次要的要点。

> 讲习班是枯燥还是成功,取决于两个部分:热情和实用的内容。幸运的是,你很有能力提供这两个部分。

在教室里,典型的成人学习顺序如下所示。

❶ **讨论**。老师讨论与那一部分有关的观点与方法。

❷ **练习**。参加者尽量把这些方法用在案例学习或练习中,不管是以个人的形式还是以小组的形式。

❸ **反馈**。练习的结果与自我批评、小组批评和/或老师批评一起讨论。

❹ **应用**。在理想状态下,无论是在课堂上还是在工作中,把技巧和来自同事、管理人员和/或者老师的反馈一同用到真正的工作问题中。[①]

因此,回到我们的设计中来。早晨以几分钟的寒暄、宣誓和提出目的作为一天的开始。这些应该花费 5 分钟的时间。不要受到无聊的"缓和气氛的话"和开场练习的影响。他们是时间宝贵的成年人,而不是被他们的父母放在那里打发时间的儿童。

然后开始解释你的日程安排和预先提示。

下面我们通过使用 90 分钟规则的一天的演讲来举例说明。

---

① 这是为什么没有一个培训项目能够成为独立事件,但是课程结束后的反馈应该包括表演者中的上级领导。

主题：虚拟团队的领导力

目标

- 参加者要能和不经常见面的人互动，这很少需要身体方面的互动。
- 保证这个小组如团队那样行动，相互支持彼此的工作，并把团队能力发挥到最大。
- 按照发展需要、接替规划、补偿和晋升的要求评价每个人。

在取得买家的同意后，我决定通过如下的设计完成一天的演讲。

- 技术的使用 (9:10—10:30)
  - 进行"实际会议"
  - 使用时间平移功能沟通
  - 用虚拟会议技术来练习
  - 主持一个远程会议
  - 为远程会议做准备
  - 用团队信息制作日程表的样板
  - 创作一个日程表样板
  - 练习：分发日程表样板，调用会议
  - 做出反馈和听汇报
- 休息时间 (10:30—10:45)
- 培养个人关系时间 (10:45—12:00)
  - 用电话安排个人时间
  - 电话、电子邮件、Skype、硬拷贝的使用
  - 远程咨询技巧
  - 远程激励技巧
  - 进行业绩考评
  - 决定举行个人会议的时间
  - 在同行和老师参加的个人会议中担任角色

- ☐ 使用咨询备忘录
- ☐ 做出反馈和听汇报
▶ 午饭时间 (12:00—13:00)
▶ 谈论文化特点 (13:00—14:30)
- ☐ 你可能遇到的文化问题
- ☐ 当地的客户要求
- ☐ 当地的法律、道德和风俗特点
- ☐ 帮助别人了解同行的文化
- ☐ 共同要求和当地要求
- ☐ 全球化思维和当地化行为
- ☐ 研究客户要求的文化特点
- ☐ 做出反馈和听汇报
▶ 休息时间 (14:30—14:45)
▶ 行动规划时间 (14:45—16:00)
- ☐ 参加者把他们的具体行动分给下属
- ☐ 出于对上级的责任制作列表
- ☐ 对评价和反馈等使用的时间进行日程调整
- ☐ 作为测试,组织一个附属会议
- ☐ 确定问责伙伴
- ☐ 老师帮助每个班级的学员做报告
- ☐ 小组和老师一起提供计划反馈
▶ 活动结束 (16:00)

请注意有很多时间是浪费在评价上的。(讲习班结束后,参加者是最不应该做出评价的人,在理想状态下,他们的领导应该在讲习班结束一个月后按照结果成效做出评价。)问题一出现,就要得到"及时的"处理,而不是在一段时间以后。

当然,积极性取决于你。如果你继续读下去,我会进一步帮助你。

总结

创造优秀的讲习班和演讲要比你想象的简单,但是有一些规则你必须要遵守。

除了那些经过别人允许从他人出版物和公共读物那里借用的短文、例子以外,只能用自己独创的资料(知识产权)。如果你借用了别人的材料而没有对出处做出解释,别人迟早会发现你用的是他的资料,对一位职业演讲师来说,这是最严重的错误。互联网让这种错误更加泛滥。

即兴幽默是最有效的,也是最危险的。让你采取的自我贬低式幽默是建立在不诋毁他人的基础之上的。永远不要讲"笑话",不管他们让你如何开心。记住,幽默的目的是帮助提高你的观点的影响力,除此以外没有其他的作用。

人们用不同的方式学习,所以尽量提供不同的演讲速度以及不同的语调和语音变化,并用文字、音频、视频、演示和暗喻等补充演讲。制造你的友好演讲气氛,这不是说要"简化"你的方式,但是要根据想要的最大效果来采用上述变化。

过程图片可以帮助你加快理解和认同。如果你用 90 分钟方法来思考,那么你可以开始创作任何长度的研讨会,还能知道一个特定的讲习班需要多长时间。用讨论、练习、反馈和应用填满演讲会的每个时段。

演讲不一定非常完美(他们很少是完美的)。只要把他们做得很好,他们就会好过参加者见过的大部分演讲!

第 9 章
从坚持到历练再到成功

> "嘿,你不是……?""是我,你好吗?"

我记得在辛辛提那州的一家酒店大厅里,碰到一个等电梯的人向我善意地打招呼,"你不是艾伦·韦斯吗?去年我听过你在我们公司大会上做的演讲呢!"在大开曼群岛,我和十几个人坐在船边准备去海里喂黄貂鱼,这时有人问我,"嘿,你不是艾伦·韦斯吗?(我儿子小声嘟哝:"真烦人!")

在悉尼下飞机时,我向坐在旁边的多莉·帕顿吹嘘:"我们下飞机的时候会有一大群记者等着采访我。(当时确实有一大群记者,但是很明显不是等我的。)

当你带给人们价值和难忘的技巧时,你就会获取这种半知名度,人们会记住你。

● 回绝业务

演讲业中有一种像锚一样的东西,它拖在你行驶的航船的底部,阻碍你前进,有时甚至能把你拖死。这种东西叫作"早期成功"。

我们都能说出我们的第一个客户、第一次收费演讲和真正作为职业演讲师来谋生的第一次机会。可是它们不是我们今天的业务。正如超级教练马歇尔·戈德史密斯说的那样:"今非昔比,物是人非。"

注意观察图9.1中的S形曲线现象。当你停止革新,不进一步改进你的材料、方法和演讲时,"成功陷阱"就会出现。根据热力学熵原理,一切都要趋于平衡。

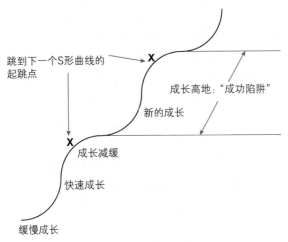

图9.1　S形曲线现象

记住,你拥有的最大的加速度是在接近曲线顶部最近处的"跳跃",而不是在平台上。在这个平台上,你的加速度不断下降,并且要到达下一个层面需要巨大的跳跃。所以,不断改变和努力保持向上奋进的"名人"状态至关重要(那时候人们给你打电话,而不是你给别人打电话)。

下面是我们在获得专业知识、信心、名誉的过程中总结出的有助于进行改变的10种动态过程。

❶ **发展主题**。随着我们的成长与认知不断提高,以及社会和行业的深入发展,我们越来越转向关注与当前有相关性的主题。我们可能已经从"改进客服影响力"开始成长为"管理客服专业人员"或创造"全球和远程客户"。随着技巧的增加和学习的进步,我们可能已经进入了一个全新的领域:"拥抱良好业务实践的多样性"。

❷ **增加收费**。最好是定期增加收费。如果你不相信,请从第一章重新开始学习。

❸ **改变方法**。一般来说,随着演讲师的成长,他或者她不会再"照演讲稿演讲",而是变得更加自然;不再是需要排练的演讲师,而是一个可以即席演讲的权威人士。只有自信的人,才能在与听众自由互动的同时接受提问。

❹ **改变技巧**。我们中有很多人是从黑板架和白板开始的。现在使用电脑制作图表很常见。卫星传送、在线研讨会、可视会议和电话会议都是与听众进行互动的常用手段。

❺ **期限缩短**。因为客户希望减少工作时间,或者把研讨会当作一场大型会议的一部分,几天的研讨会可缩减为一天。有技巧的演讲师倾向于半天的讲习班和主题演讲,因为出场时间短、收费高。成长为演讲师的一个标志是我们可以重复使用同一个要点。(永远不要相信专题演讲比全天培训还要难的说法,认为专题演讲时间短,需要的内容多。这是一种误区,没有任何根据,或者这出自不知道如何区别专题演讲和讲习班的目标的外行人之口。)

❻ **买家改变**。通常我们从事演讲工作是从把我们当作分包人的研修中心开始的,或者给培训主管和会议策划人做推销。如果我们做得不错,这种销售就会被推荐给执行主管(这往往由代表我们的演讲机构来完成)。

❼ **扩展行业领域**。很多人通过他们从事的行业进入演讲业。一个熟知培训的保险代理人可以是一个以保险销售为主要内容的演讲师。但是定位以后,这个演讲师可以用相同的销售专业知识给抵押放贷人、财务策划人和银行家做演讲。最后,这位代理人可以给任何销售小组做演讲,比如电话销售员、客户服务中心代表。

❽ **增加听众层次**。当我们开始的时候,客户会委托我们给"安全"小组做演讲,这些"安全"小组通常是幕前监督人、新招聘

的员工或者低收入客户。如果可以胜任，不管给谁做演讲，我们都会感到很愉快。有天赋且自信的演讲师很紧俏，他们可以给高级管理人员、"两鬓斑白的资深人士"和艰难的持怀疑态度的团队做演讲。

⑨ **派生额外服务。** 一些边缘业务分给了小组帮助人、主持人、餐后演讲师、评判小组调节人、顾问和演讲教练。对能力超群和备受尊重的专业人士来讲，相关角色相对简单一些。

⑩ **产生产品。** 从创作小型唱片的第一次录音会议开始，有创业精神的演讲师就开始创作和制作书籍、小册子、视频文件、时事通讯，提供提高业绩的咨询热线帮助，发展指导帮助业务和开拓其他增加收入的来源。

考虑到影响优秀演讲师的这些必然改变，我们必须"放手"，才能扩大范围。这意味着不管老业务对你的早期事业多么有用（没有早期业务，你会无法支付按揭付款），它起到的只是支撑作用。它会一直牵绊着你，除非你放手。你应该，至少每年一次，抛弃底层 10%～15% 的业务。①

> 只有丢掉那些底层业务，你才有能力扩展位于你优先权顶端的业务。

我遇到并指导过很多没有"时间"来扩展业务的演讲师。他们做的事情是雇用推销员、转包业务和拒绝预约，最终搞得痛苦不堪。然而问题总是一样的：他们公平地对待所有业务，不管回报有多少，或者是否与他们的发展计划相一致；他们像胎儿舍不得割断脐带一样对老业务紧抓不放。

应该每年在 11 月的时候回顾这一年所有的业务。问自己以下问题：
▶ 它在我想要的层次上，还是位于我平均收入的层次上？

---

① 想一想小时候游乐场里的那些"猴架（攀爬架）"。与直觉相反，如果不放开现在的木条，你就无法抓住新的木条。为了发展（向前），你只能松开一只手。

- 我成长了吗，或者从事该业务已经达到入迷的程度了吗？
- 这些真的需要我的才华，还是任何人都能做？
- 这会提高我的形象和名誉吗？
- 我可以自豪地把其当作我当前才华的例证吗？
- 两年多以来我一直在做同一件事情吗？
- 我已经把演讲当作一种习惯而非当作一种消遣吗？
- 我今天开展这项业务了吗？
- 我受到挑战后，是高兴这么做，还是仅仅满足于这么做？

如果所有的答案都是否定的，那么现在停止工作。事实上，如果一半的答案是否定的，那么放弃这一行业吧！和客户谈话，向他们解释原因，并推荐可以信赖的同事（今年以前，与你站在相同高度的人）。或者要求多做一些演讲，然后在过渡中优雅地退出。客户的最佳利益是什么？肯定不是因为你能不断地拿钱。

我每天都能看到一些人在他们的作品中反映出10年前他们是从口技演员、会唱歌的公车司机、汽车经销商或者选美大赛冠军开始从事演讲的这一事实。但是他们改变了（人们希望如此），如果他们放弃一些业务，他们会前进得更快。

让自己出类拔萃

演讲业里有一种很不好的现象：创造单一形象的演讲师，把演讲师作成一种商品，供买家按照价格，甚至更恶劣，按照外观来挑选。我听会议策划人说，他们需要看演示视频，因为他们想要根据演讲师对买家的"影响力"来进行筛选。这就是说演讲师的性别、种族地位、种族、外貌特点和其他不应该用来做决定的特征都被考虑到了。在我把我的同事推荐给《财富》100强公司做一次低于我的收费标准的演讲时，会议策划不加掩饰地说："对这样的听众来说，我们不想用女性演讲师。"朋友们，这不仅仅违反道德和表现低能，还是违法的。

　　幸运的是，只要我们不向他们投降，就能控制我们的营销和形象。想要在这一行业赚取 100 万，需要的是独特性，而不是从众心理。下面的建议可能有些违反常规，但是从定义上讲，只有那些能在这一行业赚取财富的人才会违反常规。下面我来说一下怎样避免被当作商品，与其他月末打折销售的商品一起摆放在商店里。

让你出类拔萃的技巧

❶ **避免参加演讲机构和第三方举行的"展示"和其他"面试"。** 一些演讲机构会告诉你所有成功的演讲师都参加过这样的活动，还会列举一些你知道和尊重的演讲师的名字。问题是这些通常都不是真的（我的名字经常被用到，但是我从来没有参加过这样的活动）。这些活动会以十几个演讲师为主，每个人为不是买家的"买家"做 8 分钟或者一天的演讲。按照常规，只有低级别的推荐人才能参加这种活动，即便是真正的买家，在听到第八场或者第九场演讲时也会失去兴趣。此外，只要露面就要交费（加上你应该得到的出场费用），这意味着第三方在获利，同时说明他们接受任何愿意付费的人。因此，这样的展示通常充斥着新人和刚刚知道这一行业的人（或者那些不能从事这一行业的人）。这一切影响了行业的总体水平。我从来没有想过为了赢得听众而以高品质形象出现在展示中。我经常使用逆反心理效应，即"我不用出现在这些场合中，因为我不必出现"。

❷ **慎重选择演讲机构。** 我在前面的几个章节里已经提到，但是我想在这里再强调一下。尽管我们刚从业的时候演讲机构的关注好像是上帝的启示，但是一旦我们取得成功而演讲机构不想合作时，这就很麻烦了。即使演讲机构每年给你安排多次演讲，但是他们不会带给你任何价值。因为他们坚持认为，他们拥有买家，而不是你拥有买家，并且他们坚持要求在宣传资料上不能出现你的联系方式，他们只是把

你当作马厩里的一匹马。你是把佣金付给演讲机构的人，你是应该提出要求的人，而非演讲机构是提出要求的人。在这一领域，存在着一些优秀的演讲机构负责人，但是他们相信的是我的钱包，更重要的是，相信我的名誉。如果你仔细观察，会发现有些演讲机构和剑龙和猛禽类一样，藏在《侏罗纪公园》和《失落的世界》的灌木丛里。行业改变了，但是他们没有改变。①

❸ **不要制作"录音"视频。**演示视频很有用。和通俗的行业观点相反，不管有还是没有演示视频，我都能做好演讲，我的集团买家要求视频只能占演讲时间的25%。但是我发现，管理型买家从来没有提出过这样的要求。会议策划人(和演讲机构)要求他们占演讲时间的80%。我建议你不要雇用任何提供这种服务的营销人员来制作视频。一些优秀的制作公司可以提供近乎完美的作品。但是，这就是问题所在。结果是"完美的"，而且不管谁出现在视频里，所有的产品看上去都是一样的。我建议你雇用从事商业演出的高水平视频制作公司(能在行业大会的大屏幕上做投影的制作公司总是优秀的)或者拍摄广告和推销节目的当地组织。让他们捕捉与客户有关的现场表现，给你安排一到两台摄像机，再给观众的反应安排一台摄像机。重要的是，展示工作的"现场"和真实水准。(你可以用两台摄像机录制你的演讲，一台用来录制观众，最后用标题画面和旁白结束，总共花费不到3500美元，然后四处销售。)

❹ **如果你想做广告或者在列表上出现，那么站在买家的立场上思考他们会怎么看待你。**与那些在杂志上做广告和"吹捧文章"的大量演讲师相比，你毫无特殊之处。出现在特别发行

---

①在这本书中，接受我采访的帕特里夏·菲利普是我给演讲师做的《天生冤家》年度推销讲习班时的搭档，她告诉我，没有一个演讲机构在一年中给她安排超过两次或者三次的演讲，但是她已经是这个国家最受欢迎的专题演讲师了。

的"演讲师专辑"或者演讲师机构的内部通告中也很难让你变得与众不同。那么在一个独特的场合中做广告和宣传吧！切斯特·嘉罗斯是一名谈判专家，好像在我读过的每本航空杂志里都有关于他的几页广告。我确定在乘坐利比亚航空公司的航班从巴塞罗那飞回美国的时候，在利比亚的航空杂志中看到了他的西班牙语的广告。我不是在提倡这种消费（虽说在这个行业中赚到100万的时候你能做这件事情），但是如果你想出类拔萃，那么你就必须尝试行业协会出版物、行业期刊和教育杂志。有人相信宣传，有人（包括我自己）几乎对其视而不见。我的观点是，如果你想做，那么学着别人的样子来做。

❺ **小心教练**。有很多演讲教练，其自身并不是优秀的演讲师。我愿意接受伟大的体育教练不一定是超级运动员这一事实，但是我希望教我的医生怎样做手术的人，一定是一个好的外科医生。这是我的问题，也是你的问题。我可以从100码以外认出教练型演讲师。这些演讲师夸大了他们的讲台活动和手势。他们的演讲方式与他们的韵律和节奏不一致。他们故意安插长时间的鼓掌，过多使用目光接触；他们活动频繁，这使他们偏离了要表达的信息；他们的表现像是从莎士比亚的悲剧《麦克白》中学来的，而不是一种新的销售技巧。他们对着已经排练和表演过4 000多次的东西发出虚伪的笑声（更糟糕的是哭泣）。教练们喜欢去掉那些我们之间独特的差别，而中意于创造温和、平凡的表演家。我认为，大部分的教练都是受过挫折的演员（或者失败的演讲师）。远离他们，虽然我们都需要反馈。买一台录音机，或者找个朋友，这既不是高深莫测的航天科技，也不是百老汇的演出。这很难让人接受，当我们在这一行里艰难前行时，答案在我们自己手里，而不是别人手里。

> 一般来说，一些明智的建议有助于提高个人修养，还能保持他或者她的独特性。但是大量买来的"专业"意见会把人们改造得千篇一律。

三种演讲师中为什么只有一种获得成功

有三种演讲师"心态"，每种心态都会用演讲师的专业行为和表现来说明，但是只有一种能帮助其创造七位数字的收入，其他的都不可以。

1. 以演讲师为中心的演讲师(SCS)

晚饭后，在他们花费 30 分钟谈论过自己之后，他们会说，"对于自己，我说的已经够多了。你们是怎样看我的？"

所有的一切都和 SCS (以自己为中心的演讲师)有关。演讲地点、客户、听众和主题都只是 SCS "表演"的装饰。这类人总是把自己的照片印在名片或文具上。SCS 的名字出现在所有看得到的东西上，但不是为了保护版权，而是为了自我实现。演讲本身就是给 SCS 安排的灯光、音乐和宣传资料。只有读过 SCS 的自传或介绍，你才能感受到自己的存在。两部自己出版的书就可以让 SCS 成为"世界上最多产的作者"。在过去的 10 年中，他或者她"给 100 多万人做过演讲"（我们来做一道数学题：这也就是说他每个星期要给 200 个人做演讲）。

如果听众评价不好，或者未能打动买家，那么就叫作 SCS 没有受到赏识或者"没有得到客户的理解"。SCS 会使用他或者她想讲的笑话和故事来展示他们的演讲，不管他们是否与前面的内容相关联。

当然，SCS 会唱歌、跳舞、耍杂技，或者三者都用。

2. 以听众为中心的演讲师(ACS)

看起来，以听众为中心的演讲师非常完美。还有什么会比以听众为中心要好的呢？

这里的问题是 ACS 是指的以"搞定"听众为中心。他或者她的演讲方式是以评价表格为中心。ACS 非常渴望高分，他们会为了得到高分而迎合听众。(在小型俱乐部里，你见过告诉听众"帮助自己一把"的讨厌的喜剧演员吗？)

ACS 会掩盖很多听众评价表的信息，给你展示在过去 20 年里他或者她在 5 分制的评分里得到的评分是 4.88 分。(我不是在开玩笑；我感到很滑稽："谁在乎那些？谁没有那些评分？")ACS 为了听众的喜好而存在和生活，缺少长时间喝彩的任何事情都会让他或者她郁闷几个礼拜。(想想比利·克里斯托尔的电影《星期六先生》，电影中人们在看了他的滑稽表演后而疯狂，但是他却忧心忡忡，因为他发现五号桌的人没有笑。)

如果 ACS 没有得到听众的认可，自我怀疑和内疚会相当严重，他们不断地修改、改进和练习演讲。ACS 渴望得到听众的爱戴。

3. 以买家为中心的演讲师(BCS)

这种类型的演讲认为买家是重新雇用他或者她的人。买家的目标很重要，买家经常需要某种风格(这意味着演讲师的喜好并不重要)和信息(这意味着听众的喜好不重要)。其实很多管理型买家希望听众感到不安、受到挑衅，甚至有时让听众感到吃惊。

这种演讲师以买家的需要为中心，而不是追求评价表的高分或急切地想讲述某个故事。BCS 恰巧是商人型的演讲师，他们要让买家满意。还有什么会比这个更简单的呢？

BCS 具有精力充沛、有创新精神、注意力集中等特征，最关心的是与满意的买家建立长期的关系。

如果你要在演讲业中建立重要的高回报的生意，必须成为以买家为中心的演讲师。对于会议策划人来说，你只是一项不会让他们难堪的开销。对大多数的演讲机构来说，你是完成客户需求的实施者，他们认为这是他们的客户。

因此，你必须以真正的经济型买家为中心，不包括中间人。你吸引的是写支票并把它交给你的人，他们能亲自告诉你他或者她的境况是否有所改善。

百万年薪演讲家与创造优先权有关，与成为受买家认可的"明星"有关，与买家的外围演讲机构以及会议策划人无关。

降落伞的例子

说到"降落伞"效应，可以说我指的是激励买家使其"释放"背后强大购买动机的技巧和能力，就像向敌人后方投伞一样(双关语意)。如果你想成为一个明星，那么你就要发光。太阳的能量是由内而发的，你的能量也要由内而发。不要被虚假的谦虚所欺骗。

> 这是你的事业，而不是爱好(否则你就不要读这本书了)。在你向人们传达你的价值(使人们可以利用它)时，必须有你的看法。这应该是服务意识和商业意识。如果你在给人们传达价值的时候感到自己是在吹嘘，那么你没有选对行业。

这里有一些例子，你可以根据自己的情况借鉴、使用它们。

- 把一些例子融入你的演讲。不要简单地说，"我发现95%的领导力是依赖于把自己标榜为榜样"，而要说，"当我为我的新书《战略领导力》收集评论时，我发现……"或者"在我给美国新闻学会一些高级管理人员提供帮助时，我们一致同意……"
- 创造与你自己相关的类比。说"我要到杰夫·基特玛卖的保健消费中心去，或者说马歇尔·史密斯金是教练，或者说艾伦·韦斯是做独家咨询的，等等"。
- 开始的时候，在征得新买家同意后，综合使用下列任何方法：使用他们的标志、证书、推荐、转介、参考服务，给自己写的书做支持宣传等。把创设"种子"环境作为你的协议的一部分。充分利用这些技巧之后，你会拥有一个让人难忘的宣传册、网站和其他派生物等。①

- 提一下曾经和你在同一个工作事项上出现的演讲师，甚至包括那些在不同的日期出现的演讲师。"当科林·鲍威尔和我同时出现在红十字会国际大会上时，我听见他说……"
- 利用媒体效应。当把我当作资源的《纽约邮报》的记者问我其他的咨询师是怎样评价我时，我说，"他们可能会说我是美国最受尊重的独立咨询师之一。"他在这个故事里把这句话一字不落地印在了给我写的介绍中。这段话很快被用在我所有的宣传资料里，并标明摘自《纽约邮报》。
- 与同事建立互利互惠协议。我的同事，前面提到的帕特里夏·菲利普，拥有一种与值得信赖的同事建立活动网络的技巧，但她的这位同事的专业知识与其有一定的差异，并且缺少竞争意识。当菲利普(和朋友在一起时她只用姓)和潜在买家见面时，她说，"哦，你肯定已经见过玛丽·路易斯了吧，她正是你需要的专家！我想她就在这里，我来给你引荐一下。"在类似的场合，玛丽·路易斯当然也会为菲利普做同样的事。②
- 你听说过OPM(别人的钱)吗？不妨利用一下OPB(别人的书)。你可能会说下面的这些话："我对领导者替身的观点与华伦·贝尼斯和约翰·嘉德纳是相同的，他们在4本书里阐述了这些观点。"(但是不要"购买"别人书中某一章节的版权，这只能使图书"发行人"获利。)
- 使用战略性和战术性商标。这就像梅赛德斯汽车，当它在媒体中建立它的品质形象时，就出现了战略性商标。当梅赛德斯的一个区域经销商谈论在周六提供服务时，战术性商标就会出现。对你来说，战略性商标是那些能创造你想用来代表你的公众和个人形象的语言和标志。战术性商标是一年举办数次"格洛丽

---

① 当你同意做公益性工作时，这是很平常的。
② 为了满足大家的好奇心，在这里透露一下，菲利普的哥哥罗伯特是摇滚组合PURPLE CRIMSON的主唱。

亚·威尔逊（在美国一枪击案中中枪后不治身亡的受害者维克托·威尔逊的母亲——译者注）自尊讲习班"。让你的名字出现在人们面前，从而确定你的服务和价值。

▶ 建立规范化的压力。给你的演讲参加者提供宣传资料、卡片，制定证书、桌面工作帮助系统等，这些东西会让别人说出"你怎么会有这个？"人们不喜欢被隔离在圈子之外。如果你的会议体现的是流行大众文化的发展和创造自己的优良标志，那么其他人可能会想成为追随者。给那些拥护你的公司和职位的人留下好的印象，这样别人才能成为追随者。利用留给人们的印象形象地宣传自己的办事处和位置，这样别人可以不断看到关于你的产品广告。

你可以随时将以上例子运用在演讲中。这才是明智之举。

支持提高收费的 15 种情况

1. 某个大出版商出版了你写的书

它必须是一个有名的商业出版商，而不是一个自大的出版社，或者让你自费出版。[①] 一旦确定了出版日期，你就可以提高收费——必须在实际发行前 6 个月提出。在发行的时候，用标题注明你是书的作者。按照你目前的收费结构，一部有重要意义的精装书能让你增收 2 500 ~ 7 500 美元，如果它得到广泛的评论和受到重大媒体的关注，你将获益更大。

2. 在主要媒体上露面

我在这里说的不是行车高峰期的电台，我指的是公共电台或商业

[①] 自费出版的书和有高利润空间的产品一样精美，但是它们没有任何营销价值，在买家看来，它们一文不值。忽略自大的出版社提出的要求——自费出版的书很少在专业市场上得到过关注。自费出版和商业出版不是相互排斥的，这两种出版我都做过，但应根据不同的目标选择不同的出版方式。

脱口秀的节目。你想这样宣传，"出现在《本周商业》的谁谁谁"，或者"接受 ABC 乔治·史蒂法诺普洛采访的谁谁谁"。这不像看上去那么难。格雷格·葛戴克，我的一个朋友，写了一本关于怎样制造浪漫的自费出版的书(《制造浪漫的 1 001 种方法》)。他出现在一个比麦当娜还要重要的脱口秀节栏目里(包括《早上好，美国》栏目中一个 40 分钟长的《"恋爱末班车"之旅》节目)。

3. 制作一流的推荐信

我把我的推荐表放在公文包里，并放在每个宣传资料里。我从来没有对任何潜在买家说过，"如果有需要，我会提供参考推荐"这样的话。这听上去像是我要叫醒我的堂兄弟们，告诉他们，等着回复那些询问我的往事的陌生人的电话。我把推荐信扔给客户，是因为他们反映了买家在类似组织中的同行(或者领导)的看法。我在一张表格上列举了 15 项内容，那是因为 15 项内容正好能填满这张纸，而且只能放下这么多(这些情况对任何在这个行业中的人来说都是真实的)。职位、地址和电话号码都在那里，既明显又方便，但是客户从来没给他们打过电话。如果这些推荐者不是热情的支持者，谁敢引用这些人的推荐？在你推荐表上的人职位越高越有名，你就越有能力收取更高的费用，这些费用代表了你带给买家的同行的价值。

4. 提供罕见的多种才能

客户曾要求我出席一场公开的专题演讲，然后帮助小组讨论。他们要求我修改演讲：对职员来说，演讲要简短；对中层管理人员来说，演讲要有深度；对监督人员来说，演讲要能与内部培训师的会议相融合。我也曾受邀给董事会做过演讲、发表过餐后的幽默讲话、主持过颁奖仪式。买家要求我设计一次简单的测试，让听众按照我在演讲中提到的特征来评价自己，还要求我把演讲的最重要的部分做成问答的形式。我在用投影仪向屏幕上投影的礼堂里做过演讲，还在露天剧场、教室和用空心砖建造的隐蔽的地下室里做过演讲。我使用同声传译给具有不同英语能力的国际团体做过演讲。我的一些同事在公共汽车、火车、轮船和飞机上做过演讲。你能做得越多，你做事的方法就越多，你的价值就越高。

5. 每个月写一篇专栏(或者定期接受采访)

很多演讲师都在全国发行的月刊(或周刊)商业刊物上发表过专栏文章。我曾经给一个朋友做过指导,他在每月发行的《管理评论》(《美国管理协会杂志》的前身)的末页的幽默专栏写幽默故事。他因为收费得不到提高而苦恼!他从没有想过利用每个月都能露面的难得的机会。其他人经常会被安排做采访,或者是因为自身专业知识的特点(例如,谈判技巧)、成就(例如,给一个出版物写幽默故事),或者他们所在的有进取精神的公司经常要在全国面前展示他们。如果你能够进入公众的视线,能切中要害,达到能引用这些采访且提供单篇论文的高度,那么你就可以因为好的声誉而提高收费。买家是否读到这篇作品不重要,重要的是你能够把这篇作品展示给买家。得到媒体采访的一个良好资源是 PRleards.com (公共信息网)。在写这部书时,费用是每年大约 100 美元。如果谁打算联系 Dan Janal(公共信息网的创始人和首席执行官),不要忘了告诉他是我介绍你去的。

6. 你的业务在增加,但是你的收费近两年都没有发生变化

这是一个很随意的判断标准,但是我认为这是很有力的标准。如果你的预约在两年的时间内一直在增长(并且按照我前面的建议去掉了底层10%~15%的业务),并且收费没有改变,那么你可以放心地提高收费,不必担心在第三年丢掉潜在客户。你不会失去目前的客户,因为你之前还从未因为相同的工作向客户要求提高收费。而且你可以要求得到后续的工作:"尽管我的成本费用提高了,但是我还会按照原来的收费标准来收费。同时我希望全部费用在确定时间以后提前给付。"如果你因为他们付款太慢而不想按照原来的收费标准收费,要么提高收费,要么放弃工作。我的原则是给所有的新客户提高收费,但是对目前的客户还用以前的收费标准(除了要点7包含的那些之外),因为目前有价值的客户不应该付出高出原来费用的钱来资助新的客户(这是我为什么会对出版物给新客户比续单客户提供更好的认购协议感到气愤)。

7. 你目前的客户要求你做一些新的、不同的事

客户要求你做一些新的事是你给目前客户提高收费的一个例外和机会。例如，我被要求做演讲并根据演讲结果提供反馈，给一个特定的组织专门设计大纲，为了创造相关应用而学习一个公司经营管理的技巧。还有人在我结束演讲之后要求我给一个大纲做版权转换，或者希望创作一些音频和录像带用在他们的培训大纲里。所有这些"一次性的"要求允许你构建上述建议，满足这些要求就提供了比客户端通常请求更高的价值。如果你认为你是为了保留客户而做这些事情并且不能按照他们的价值收费，那么你要么是在关系上，要么是在你对你能提供多少价值的认识上存在严重的错误。

8. 你可能会被要求做一些你能做但不想做的事情

我鄙视全天会议。我认为他们属于劳动密集型工作，时间长并且没有乐趣（对我来说）。但是一些客户理所当然地考虑到全天会议的费用优势，因为他们把人召集在一起需要费用（其他方面的理由不正确，因为他们认为时间长度和价值成比例）。我认为应该开发一种分层的收费结构，在这种结构里全天的价格是最高的。但是，偶尔有客户说，"就这样做吧。这样获得的价值会远远超出成本。"而且你知道吗，我发现我真的很喜欢以这种速度获得工资！以我为例，不管是长度、听众类型（销售员）、环境（晚餐后）、地理位置（坐两个多小时的飞机），还是会议安排（连续三场相同的并行会议），你都有权利对因为你能做但不想做的事情提高收费。

9. 被要求从事国际业务

我认为你应该为国际业务收取加价。从美国人的观点来看，因为时差的原因，出差到欧洲、非洲，特别是亚洲，尤其令人筋疲力尽，不过南美洲能好一些。我发现为了我的健康，到了这些国家以后，我需要在会议前用一整天的时间来适应环境和恢复清醒，因为这通常不是在掌声结束后的第一次飞行。除此以外，后勤工作也很棘手：纸张尺寸经常不一样，电流不稳，用词酌句也要改变，更换例子，考虑演讲中的语言要求，发放资料，支付海关费用，拿到签证，兑换货币等。

不管对目前的客户，还是新客户，大幅度的加价对国际业务来讲都是合理的。我的建议是以目前的收费标准为基础，按照你的自信程度和这里提到的其他因素①为国际业务收取50%～100%的加价。（当心有人把去他们国家的多次预定之旅作为一揽子交易交给你。不听我的劝告，你会损失惨重。你一旦登上飞机，他们就得逞了，除非他们的支票已经在你的银行兑现。）

10. 处在一个没有区分的收费区间里

我们假定你的收费是3 500美元，你经常工作，并且事业在不断扩大，但是你知道你所在的收费区间（2 500～4 000美元）涵盖了行业90%的竞争者，而且他们用和你一样的专业知识获得成功。我的建议是走出这个收费区间，因为你必须更优秀。买家认为他们得到了他们为之付出的东西。他们对收费5 000美元的演讲师的期望（和他们的自尊心——"我雇用了一个收费1万美元的演讲师来出席我们的会议"）超出收费2 500美元的演讲师。我遇到的买家没有一个会在演讲前这样说，"这是价值5 000美元的才能，我们只花了2 000美元就得到了！"我相信，你可以通过增加你的收费来增加业务。是的，你要争取理解这句话。②

（顺便说一句，我不相信你能通过收费4 800美元这样的怪事来创造区别。一些"专家"建议收费4 800美元，好像买家不知道这种鬼鬼祟祟的伎俩——这接近5 000美元的收费。）如果你擅长你做的事情，并且还没有成功地从人群中站出来，那么就请提高你的收费。只有那些随之而来的人才是买家。正如你在图9.2中看到的，一旦你有

---

① 顺便说一句，坚持用从美国银行取出来的美元来支付报酬，提前支付更好。有些法律禁止在一个国家带入或带出太多的货币（包括美国），并且汇率也会让你损失惨重。此外，美国银行对取现和兑换国外银行的支票收取加价，有时费用高达总额的25%，在你的提议里要契约性地对此做出安排。接受电付资金。至少要让客户承担商务舱的费用，如果有可能的话，就坐头等舱。

② 你可以轻松地增加你的利润空间。做10次演讲、每次收费7 500美元的利润要高过做20次演讲、每次收费2 500美元的利润。但是，我也提到了增加你的业务量，也就是说做20次、每次收费7 500美元的演讲。

了一个品牌和名誉(在线条交叉的地方),收费就不会在价值下面,因为人们希望获得他们期望的价值!

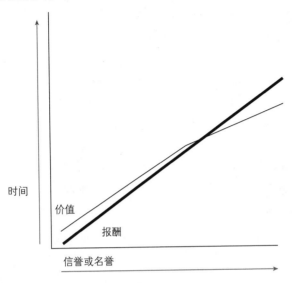

图 9.2 何时价值在收费之下

11. 成为"网红"

如果你有一个受欢迎的博客,那么会不断有人在 Twitter 上"转发你的 Twitter 信息",而且人们会在网络空间里引用你说的话。你可以利用这种关注来进一步宣传自己,并提供收费价格。把所有的赞美和荣誉贴到你的博客里,并且不断告诉人们每天的跟帖人数。

> 这样做没有错误。买家相信他们会得到与其支付相匹配的东西。你的收费真的创造了一个期待区间,并且进入了买家的自我意识中。

12. 你的时讯报道一炮而红

人们自问,为什么他们要进入一个像时讯报道一样拥挤的行业。因为约吉·贝拉(棒球扬基队著名捕手)是对的:没人能进得去,因为太挤了。时讯报道太多是因为有人在读。建立一个强大的利润市场，你可以成功地用它来提高收费，因为你在出版业已经小有名气。图表中错综复杂的线条能帮助你提高收费。

13. 你在行业和职业协会中很受欢迎

在大多数情况下，出现在这些协会的日程表上，特别是作为主题演讲师出现在日程表上能瞬间扩大营销能力，因为听众中有买家和重要的推荐人。如果你有这种听众，那么应该确定你的收费是他能承受的最高费用，并且没有人被吓得流鼻血。一旦你被雇用，人们开始谈论，你就无法再从最初的最低收费标准中站起来了。（你可能会辩解说对非营利性机构应该收取低一些的费用，是因为对非营利性机构的收费是在较低的基础上，但是我建议你不要这样做。）

14. 有演讲机构不断推荐你

这意味着几件事。首先，虽然最终你不能每次都被雇用，但是演讲机构认为你是给它带来佣金的重要人选。其次，你的收费越高，演讲机构挣得越多。最后，演讲机构懒惰、胆小，他们通常因为害怕失去客户而不敢在收费上施加压力。因此，当有大量的演讲机构给你预定工作或者经常提供工作机会时，请提高你的收费。这是你的决定，不是演讲机构的决定。

15. 如果没有一种因素鼓励你提高费用，每两年提高一次费用

如果你没有每两年提高一次费用，那么你要么低估了自己，害怕失去客户，要么自尊心不强或者你不够优秀。抱歉，我只能这么诚实和坦白。

你经常使用哪些积极主动的经营方法？没有人通过改正弱点来成长，我们是依靠实力优势而成长的。如果在这个行业里你已经达到了该书有意创造和支持的成功，那么不给你的成长和成功"增加压力"就太谨小慎微了。

怎样和何时增加你的收费？要大胆和经常为之。要知道，没有人会为你努力争取利益。

总结

你可能无法成为国际名人，但是你可以受到关注，甚至在这一行业中得到认可。在这条业务道路上的一些情况，有时是和直觉相反的。

学会回绝业务。你不能有贫困的心态，也不能认为每次机会都有可能是你的最后一次机会！一些业务利润不高，一些业务破坏你的品牌，还有一些业务让你头疼。

避开大众的面试和通知。"展示"是一文不值的。演讲机构应该给你定位，而不是展示你。不要对底层人的盘问做出回应，只与真正的经济型买家交流。

只有以买家为中心的演讲师才会把返单和推荐业务做到最大。不要为喝彩和"微笑答卷"担心。不要在讲台上证明自己。

如果你想和买家或可能的买家创造后续业务，可以在你的谈话中引用你以前的工作、经验和客户来证明你的要点。（例如，说"当我给一个大型保险公司工作时，我们发现……"）通过列举自己的经验来解释事情是怎样完成的，永远不要自夸。

有很多情况支持你提高收费标准。记住，你的费用增加得越多，你的收费就越高，但是你增加的价值必须向买家表明确定你要用的资料（时讯报道、采访、博客、书籍等）能说明价值在不断增加。没有什么——不是经济、技术或者竞争——能帮助你提高收费。

只有你自己可以提高收费。

第3部分
烤架

　　了不起的演讲师有很多,并且买家对烤架的嗞嗞声也习以为常。你要怎样才能出类拔萃?你需要忽视疯狂的神话,以我们行业的谋生手段为中心,那么你才能发掘生活和这一职业提供的财富。

第 10 章
讲 台 工 作

> 演讲已经进行了 5 分钟……没有有趣的内容

用耸肩和手势而不是我们的语言来感动观众是没有可能的。

肢体语言、手势和动作的神话

首先,我们解释一下"讲台技巧"。讲台技巧是演讲师在发表演讲的过程中用来提高听众信息接受能力的技巧。和演讲有关的大部分书和很多"权威"试图让你相信这些技巧是这一职业的最重要的部分,掌握他们对于成为一个成功的演讲师至关重要。

他们错了。这好比说舞蹈演员的装备比编舞设计更重要,这估计只适用于钢管舞。

我们讨论的这些错误认识引用了梅拉贝因(梅拉贝因认为,言辞只传达了 7% 的信息,声调传达了 38%,而面部表情则占 55%) 的作品来支持这一观点。在演讲业获得成功的关键是能以此为生,这意味着营销和内容是最重要的两个方面。你没用演讲技巧来改善客户的境况,但是大部分情况下你却改善了自己的境况,即使只是暂时的改善。

那么为什么人们支持讲台技巧的掌握和发展是成功的关键这种说

第 10 章 讲台工作

法,并以此作为演讲业务的关键技巧?答案很简单:这是一个作为教练来赚钱的行业。很少有人擅长指导营销(尽管有人很擅长),更少有人擅长给内容提出建议和创作演讲。这是一些困难重重的领域,也是至关重要的领域,这也是这本书前面的 9 章集中讨论他们的原因。然而,任何人都可以传授讲台技巧,部分原因是他们相对简单,另外一部分原因是他们很主观。很多不成功的演讲师、演讲机构负责人、顾问和其他各种各样的人发现教给人们演讲技术很赚钱。

虽然马歇尔·麦克卢汉(20 世纪媒介理论家)说"媒介就是讯息",但是媒介不是这个行业的讯息。没有一个人在离开演讲时说,"下个月让这个演讲师再来一趟。你看到她是如何优雅地使用手势了吗?"或者"这是我听过的最重要的演讲。你注意到他让我们举过几次手吗?"人们只会通过说"我还在用一年前他教我们的规划技巧",或者"我参照她的笔记至少每月减压一次"来回忆一场演讲。

> 内容以听众为中心,舞台技巧以演讲师为中心。只有在后者的作用下才能提高前者。

讲台上用的技巧很重要,它们扩大了演讲陈述的效果,因此能够改善客户的境况。这适用于一小时或一天的演讲、专题演讲或者研讨会,无论是活泼的还是严肃的。虽然内容可以通过肢体技巧得以补充,但是即使是幽默表演家,故事的内容也是最重要的。确实,我见过的一些幽默表演家能让我在通道上笑得打滚,但是他们从没有离开过固定的麦克风半步。

尽管如此,讲台技巧还是有一定的发展空间的。我的观点是它只需要一章的篇幅。我原想把它放在别的地方,但是它在这里似乎最适合,在这本书的"烤架"部分。那么为了改善客户对你的信息的理解能力,下面我们用几页纸的篇幅来介绍一下那些需要注意的技巧。

种吸引观众的人际关系技巧

1. 目光接触

看着观众的眼睛,你会发现即便是在大型的大厅和礼堂,你也能和坐在远处的人建立目光接触。[①]小组越亲密(例如,20个人围绕U形桌子而坐),建立目光接触越重要。

总的来说,目光接触要保持2～5秒钟的时间,少于这个时间会分散注意力,多于这个时间会让人们感到不舒服。如果有人对目光接触没有反应,那么继续保持目光接触,但是要转向后面的人。如果有人在两三次"邀请"后还是转移目光,那么请尊重这个人的不适,不要再直接看他或者她。

目光接触不仅仅是为了和听众建立更直接的联系,也是给演讲师提供非语言反馈的重要来源。如果人们渴望回答你的一瞥,包括微笑、点头和类似的动作,那么你便会引起共鸣。如果人们不愿意回答你的一瞥,只是静静地坐着,那么你会让他们感到很不舒服。

> **专家意见**:如果可能,在演讲前和一些参加者特别是一些小型的小组进行非正式的交流。把他们当作你的"友军",先和他们建立目光接触(和微笑)。他们的非语言行为(回应性微笑、点头)会马上增加你的自信。

2. 手势

我曾经听一个演讲师就男人和女人之间的区别发表过一次90分钟的演讲,演讲中她借助移动的双手来说明男人和女人对生活的不同看法,而且相当有效。

避免过度激烈的(和平庸的)动作。如果你用套在脖子上的或听

[①] 被聚光灯照射是例外,它让你无法看到听众。在这种情况下,要在演讲前环顾一下房间,记住每个座位的布局,然后在演讲过程中按照你的记忆不停地在座位间移动眼神。

筒式麦克风，那么你就有两只手用来作说明和提供表演支持；但是如果用手持麦克风，你通常就只能用一只手了。使用你喜欢的方式，也要准备好另外一种方式。小组越大，你的手势越要夸张，因为坐在大厅的后面的人也要看到这些手势；小组越小，越要注意细微的区别和差别，但是不要接受大部分喜剧教练的意见，以免把每个手势都彻底变成一连串的芭蕾舞动作，它不但偏离了信息的本质，还显得很做作。

一个十分有效的技巧就是对手势本身做出反应。例如，当你用手或者胳膊来描述一个重大事件时，比如描述一次飞机起飞，建桥或者海啸，你可以说，"我们不惜一切代价地使用了极致公司的视觉教具。"

> 努力练习演讲和你打算用的手势及动作，穿着要和真正做演讲一样，完成所有和你一起出现在舞台上的东西。我见过经过精心准备的演讲师把领带缠进麦克风的线里，高跟鞋被投影仪电线绊倒的情形。

3. 语调变化、音调变化和……停顿

有些方式明确规定了9种不同的停顿和使用每种停顿的几种情况。这也许适用于阿尔·帕西诺扮演的哈姆雷特，但是对演讲师来讲只有一种停顿，而且这种停顿只有在不说话的时候才能出现。现在唯一的问题是：停顿应该是多久？

据我所知，只有三种原因会产生停顿，其中两种是有意的，另外一种是意外发生的。在出现前两种情况下，你会想戏剧化地描述一个观点或者给人们时间考虑。对那些需要对演讲速度做出自我修正的人来说，停顿很有用，因为他们总是想以全速来完成演讲。（一个参加者曾经告诉我，我的演讲速度比他想象的要快，但是这不是让买家激动的条件。）第三个原因是你忘记说到哪里了，那时你没有什么可说的。没关系，花点时间想一想或者看一下你的笔记（或者问听众："我说到哪里了？"）。不要用"嗯""呀"或者用咕哝声来填充寂静。我认识一个优秀的演讲师，他在演讲中准备了很多即兴的材料，但是他在思考时总是用"嗯"来填充每一次的安静。我认为他发出这种声音

时丢失了 20% 的有效性。不管在什么情况下,停顿都应该是短暂的,除非是你在等待笑声平息下来。如果是为了达到戏剧化的目的,3～10 秒的停顿就能达到这样的效果。

语调变化及音调变化与抑扬顿挫和音量大小有关。改变重音和语速是吸引听众的重要技巧。如果你能恰当地把声音降低到耳语般细小或者升高到叫喊的程度,那么他们将会很有用。即使声音高、精力旺盛的演讲师也需要上这一课。一个同事告诉我,他邀请的一位演讲师因为演讲太快、变化太多、声调太高而没有人能理解或者记住他的信息。他解释说:"这就像中西部人费力地理解说卡真方言(路易斯安那主要的法语方言)的人一样"。"由于听演讲和整理已耗费了我们太多的精力,导致我们因太累而无法学习。"解决这一问题的最好办法是用磁带录音机,在不用任何视觉帮助的情况下听演讲。听你的演讲是有趣而简单,还是单调、太快、太慢和/或者没有抑扬顿挫?"磁带测试"是不错的自我评估。

> 在你被介绍给听众后,试着用暂停开始你的演讲。简单地建立目光接触和微笑。房间会安静下来,人们会对你要说的东西感兴趣,你也会很快建立关注中心。让停顿和一次深呼吸一样长,然后你会发现它能让你和听众集中精力。

4. 听众参与

参与(不是"介入",因为每个听众已经介入了)已经从在"讲台讲座"时代很少使用的手段变为"感觉良好"演讲时代的普通行为。只有当参与能提高听众对信息的接受和认同能力时,把听众包括进来才能讲得通,对演讲师来讲它不是提高自我的手段。

在过去几年里,我见过的最糟糕的技巧是当听众共同拥有某种经验或者同意演讲师的观点时不停地要求听众举手。如果你不知道听众的心情但为了了解听众的心情而说"你直接和客户工作过多少次"是一回事,说"如果你认为我是对的请举手"以及"如果你去过得克萨斯,如果你喜欢炸鸡,或者如果你呼吸的是氧气,请举手"是另外一回事。当你的要求超过两三次后，大约只有 10% 的听众会对这些内容做出回应并提出疑问。除非是为了得到一些合理的反馈或信息来帮助你做出评论，否则不要这么做——这是以自我为中心的演讲师的标志。(在 amateurville 网站上，紧挨着这个标志的是给听众的指示，"给自己新一轮的掌声。")

演讲偶尔会需要一个志愿者或者一些直接来自于听众的信息。例如，在培训会议和讲习班里让听众展示他们的作品，提出互动问题，以及让他们在过程中承担重要角色，这些都很常见，但是在专题演讲中，这些情况相对要少一些 (可能应该被禁止)。

按照演讲性质，听众通过使用宣传资料、简单练习 (或者单独完成，或最好是在同事或小组的帮助下完成)、含有问答和互动的环节，可以获得更好的效果。一般来说，演讲越长，听众参与越重要。

> 修辞性疑问句是增加听众心理参与的理想方法。问一个普通的问题，例如，"想一想，你们当中有多少人真的想告诉客户去别的地方寻找业务？"或者你可以举一个例子，然后问，"你想把你的部门放在烤架的哪个地方？你认为它应该在哪里？"这些提问创造了积极的、富有个人情感的参与，他们甚至可以在简短的演讲中被不断地用到。我称为"修辞许可权"的东西也很有用。("我在这里也可以使用修辞性疑问句，问你对'修辞许可权'是怎么想的？")

5. 视觉教具

一些演讲师在拿着麦克风时很优秀，另外一些则在可与迪士尼世界媲美的带声音和灯光的节目中表现得很优秀。判断标准是双重的：

- 对听众和境况来说什么是最有效的；
- 从你的个人风格来讲什么是最有效的？

有的演讲师到处宣扬："如果没有大量的、最先进的视觉教具，你在 5 年之内不会得到雇佣。"这句话他一直说了 15 年，我觉得最后大多数人都已经懂得他说的是不对的了。不管有没有（因为有时条件不允许）视觉教具，我一样发表演讲，并且结果都是一样的。因为没有视觉教具而丢失的10%的有效性，会因为视觉教具不佳的表现而重新获得（由于低矮的天花板以及停电灯光熄灭而对可视性的影响抵消了有效性的丢失）。

大家都知道电脑制作的图表有多么让人难忘，但是这种难忘只能出现在他们让主题合乎情理的情况下。（一个客户告诉我："不要用这些图标。它们太让人分心了。"）我看到有人在视频里使用图标和标志的录像（不是最先进的应用）；我还看过由备忘录和报告副本组成的幻灯片，而且这些备忘和报告已经出现在人们的材料里了；我还见过与主题无关的幻灯片，他们因为已经被放在演讲师的"工具箱"里而被包含进演讲中。在一些会议中，我们不得不租一台投影仪，这样演讲师才能在90分钟的演讲汇总中使用3个不到2分钟的幻灯片。

不管是谁在宣扬，我们都没有面对不使用视觉教具的世界末日。用这些视觉教具来帮你阐述观点可能不仅对环境有益，而且适合你的风格。但是他们不是先决条件，特别是在短一些的演讲中。一般来说，不要在餐后演讲中使用视觉教具。我相信，演讲之前的正餐（有时是酒宴）、处于一天的结束时刻的演讲和谈话都会产生高程度的疲劳。以视觉教具为中心，特别是当灯光必须变暗时，相当于让观众吃安眠药。

听一听下面的话：演示文稿幻灯片总是被过多地使用，对低能的演讲师来讲，幻灯片通常是组成精神支柱的一部分。

> 如果你不想背熟你的演讲（一场优秀的演讲），不想从笔记开始读（一些好的笔记），并且害怕忘记你的资料（并不怎么好的资料），那么把视觉教具当作你的参考标准吧！在90分钟的演讲中，我经常使用充当总体大纲的幻灯片。我简单地根据每个视觉教具的演示来做演讲，并把当前小组的变化和与客户有关的相关例子结合在一起。

> 如果你必须使用视觉教具做出解释,那么你的工作就落后了。一张图片表达的意思能代替甚至胜过千言万语,但是图片自己不能创造出另外的千言万语。

6. 处理问题

有效的问答过程包含三个因素,不管他们是正式的("现在我接受提问")还是不正式的("我看到后面的人有问题要问")。

❶ **重复问题**。这种做法可以让大家能够听清楚问题、录音机能把它录下(因为你面前有麦克风)、让听众考虑问题、确定正确地听到问题,以及留出符合逻辑的想出回答的时间。

❷ **回应**。给出你的答案。不要害怕说"我不知道"或"你们剩下的人是怎么想的?"永远不要把提问当作敌对的标志,即使是反对的意见,也是有益处的。尊重每次提问。不要害怕提出异议,不要每次都以"这是一个很好的问题"开始,因为它太普通了(和传统的知识相反,虽然偶尔使用这一句子对强调听众提出的重点很有用)。不要以为你只能像打垒球(每次都是本垒打)一样演讲,应该像打排球那样,把问题抛给听众,并使其做出回应(从网的上方传过去)。"有人愿意从销售员的角度来对此发表意见吗?"

❸ **和提问者探讨答案**。问他,"我回答你的问题了吗?""这说明了你的观点了吗?"或者"这是有用的东西吗?"不要认为你能得到满意的答复。我不得不承认有很多次参加者对我说"这个回答很有趣,但这不是我问你的"。

在你征集问题时,如果没有人马上提问,静静地等上20~30秒。不要担心,人们不会起身离开。给人们思考和集中精神的时间。安静地等一会儿要好过不停地用提问来骚扰听众,如"快点,有人要提问吗?"

> 如果你得到了一个明显有敌意的提问，同时还想避免对抗和避免与提问者进行长时间的讨论，那么请使用列表中的因素1和因素2。重复问题并做出回应，然后把目光接触转移到房间的其他地方并提问，"你还有其他问题吗？"或者，"我看见这边有人举手了。"你可以优雅地离开，并且留给小组进行讨论，这有助于改变问题的焦点。

7. 错误

如果你做错了，承认错误并继续进行演讲。不要试图忽视或跪地祈求原谅。如果它是一个不大的错误，那么通常幽默就能将其解决。在我叙述的故事中，我曾经提到过聚会的女主人，我突然想到就性别平等而言"女主人"这个词可能不为人所接受。我感到紧张，吞吞吐吐地说："女主人……主人的妻子……也是……的人，是拥有这个地方的女人……"听众笑了，一位女士说，"我们知道了！"然后，我继续进行。后来，我把这个"错误"当作那个特别的故事的一部分。

你可以用一些常备短语来掩盖普通的错误。如果幻灯片搞颠倒了，你可以说："在这点上我改变了看法。"如果灯泡破了，你可以说，"现在你们可以在黑暗中跟着我。"如果有人指出你把投资回报和产权回报弄混了，那么你应该马上改正，对错误表示歉意，并且要问是否还有其他问题或者评价。

> 如果情况允许，请指出我们居住在一个不完美的世界里，观点不是毫无瑕疵的，却是可以解释的。告诉听众在他们的职业和工作中，你宁愿改正一个错误，而不想忽视这一错误的存在。指出错误的人通常会表示对你的工作感兴趣。进行投诉的客户应该礼貌地接待和细心地倾听，因为他们不但可能是对的，而且他们一直都是潜在的长期客户。

我曾经在演讲前发布的宣传资料上拼错了一个客户的名字。我一开始就道歉，告诉人们会给每个人发正确的资料，然后说我会为这个错误承担所有费用并用手势表达我们对忽视细节的歉意。听众马上原谅了这个错误，我继续进行正常的演讲。在类似"女主人"这种进退两难的困境中，我经常能把一个错误变成一个机会。

8. 混乱

我们称混乱是一种你无法控制的错误。混乱的范围可以从收拾盘子的服务人员的说话声音到干预交流的参加者发出的声音。混乱分两种：主要混乱和次要混乱。

主要混乱是火警、暴风雪、大声吵闹等。每个演讲师最终都会经历这些，比如：与有音响系统的房间相邻，音响的声音盖过了他或者她的声音；在暴风雪天气中，参加者担心如何回家；在会议里出现医疗急救情况。

在发生主要混乱时，停下手边的事情，与买家或者协调人协商，告诉听众发生的事情，"我看外面的雪下个不停，我想停下来让查理和琼决定我们接下来该怎么做。休息 5 分钟。"

记住，你拥有麦克风和注意力。你不能忽视你所在的环境，并且永远不能认为警报的影响小于警报本身。最好进行假火警疏散演示，失去演讲的 20 分钟要好过有人在真正的火灾中受伤。

对待次要混乱有一个重要原则：永远不要让次要混乱变成主要混乱。忽视服务人员，即使他们中有人很喧闹，也不要批评他们。在讲台上问协调人或管理人，"如果剩余的工作可以等到我们来了以后再做，那么我们想问一下谁负责现场管理工作？"不要批评任何人，只要在处理这种情况时努力争取帮助即可。如果其他吵闹声达到了干扰会议的程度，提高你的声音，问他或者她是否需要调解。如果吵闹声太大以至于无法听到你的声音，那么休息片刻，直到你能解决这个问题。

永远不要让参加者感到尴尬。如果有两个人在谈话，那么在和团队交谈时试着朝他们走去，这样做通常能够消除吵闹声；如果它是习惯性的，那么在预先安排的休息时间问他们是否能停止吵闹，因为你无法集中精力。你可能会问他们是否有你能在演讲室回答的问题，但是使用这种方法不要超过一次。战胜混乱是你的责任，他们不是对个人的公开污辱。

永远不要认为要离开演讲室的人想对你的演讲发表言论。这个人可能想去卫生间、打一个重要的电话、透透气，或者他有可能真的对你说的不感兴趣。所有这些都不重要，你要对那些始终坐在那里的人负责。离开不离开是他们的事，这与你无关。如果每个人都起身离开，那么说明你入错行了。

> 如果你的演讲在用餐时间进行，那么与客户或者直接与晚会经理协商，如果你的演讲在上完最后一道菜时没有结束，不要让服务员清理桌子。收拾桌子会产生最讨厌的噪声和混乱。要在演讲前或演讲后收拾桌子，而不要在演讲过程中收拾桌子。

9. 幽默的应用(假设你不是一个幽默作家)

有两种幽默：有计划的和没有计划的。在我看来，每个人都应该在演讲中创造一些幽默。没有计划的即兴的幽默会产生许多问题，因为他们会产生事与愿违的结果。

因为在前面的章节里我已经做过介绍，所以现在我们简单地介绍一下使用幽默的基本理论基础：

- ▶ 让听众舒服；
- ▶ 创造适宜的学习环境；
- ▶ 阐述观点；
- ▶ 让自己远离"颂扬"(使用自我贬低式的幽默)；
- ▶ 缓解紧张气氛；
- ▶ 让错误和混乱的环境变得适宜；
- ▶ 开始或结束乐观的评论。

最安全的幽默包括个人的故事，因为他们一定具有独创性，从未被听说过，并且可以被不断完善。如果没有计划的幽默不是针对你的——例如，当你因无法让电脑工作而发表评论时，说"我在瘫痪的信息高速路上"，那么这个幽默就是安全的。如果你反应迅速并且很有能力，那么没有计划的幽默能与群众建立无价的亲密关系。一位听众，过去是一个狂热的渔夫，曾经告诉我，在有人向我提问的时候，我脸上的表情似乎和拖上船的鱼一样。"是的，"我回答，"但是我总能摆脱鱼钩。"我告诉一群不情愿七月份在菲尼克斯暴晒的人说，他们在那里的唯一原因，是因为太阳的表面已经被别人预订了。

> 提前与客户交流，找到你可以安全使用并且团队认为有趣的东西。例如，总有与高尔夫比赛、旅行、销售会议、退休有关的故事或者某个可以合并的企业传奇。在会议前，我发现一个参加者居然走上讲台描绘了一幅自己观点的图片。在我的自我介绍结束后，我把图表拉到前面，然后问能否把我的演讲时间转给乔。

> 不要对着自己的笑话发笑。所有人都知道你讲过这些笑话，他们已经听过一万次了。人们会想你是不是低估了他们的智商。

10. 戏剧演出、音乐和效果

　　戏剧演出、音乐和效果都是他或者她自己专用的，但是我对在演讲室里创造"心情"不感兴趣。我认识的一位演讲师明确提出在人们进来或者离开的时候都要演奏某种音乐。他肯定在他们进来的时候音乐能增加他们的接受能力，在他们离开时能加强记忆。据我观察，音乐只会让他们在进来和出去的时候把说话音量调高。

　　音乐能调整心情，阐述重要观点，产生不同的喜剧效果，比如照明、声音以及多媒体。根本的问题仍然是：我们如何改善客户的境况？我们从事的不是娱乐行业，而是学习。我从未建议一个歌手不使用音乐，但是我建议很多歌手停止发表演讲。他们的技巧是娱乐而不是学习。

　　如果你真的想用目前的音乐，那么你必须在得到允许后才能这么做，通常要获得发证组织的允许。所有商业音乐和歌词都有版权所有人。不管音乐和歌词多么简短,你必须支付版税才能公开使用。① 你可以购买"大众"音乐,特别是专门以出售或者出租为目的而做的音乐。或者你可以创作自己特有的音乐,那么它就是你的财产。如果你使用有专利的磁带或者幻灯片,例如,一段电视新闻广播或者橄榄球超级杯赛的电影短片,也适用同样的规则。

不要要求人们触摸其他人。这不是很显而易见的吗?但是,这种在演讲师中不断增加的现象变得越来越多。演讲师把他们自己错当成是临床医学家或女按摩师。抛开性别问题不谈,很多人不喜欢接触别人或者被接触。要求人们相互擦肩、拥抱或握手是对个人的最基本的侵害,总体来说,任何演讲师都不适合提出这种要求。

我见过演讲师在讲台上大哭,好像他们以前从未哭过,但是每个听众都清楚地知道这个演讲师每次演讲时都会在讲到这个地方时大哭。它是虚假的,人为操纵的。(在激动人心的音乐和演讲师的眼泪中,一个参加者说:"它是响应爱国主义号召的强制的、受感情控制的、虚伪的眼泪。)

最后,除非你是训练有素的音乐家并且唱歌是演出不可或缺的部分,否则永远不要唱歌。实际上,歌唱永远不会改善客户的情况,它与演讲师的身份不相称。没有人花钱听演讲师唱歌,就像没人花钱听滚石乐队或者麦当娜发表演讲一样。如果必须唱歌,请在洗澡的时候唱歌,但是请关上门,把百叶窗拉下来。

> 客户通常都会给每次会议设计一个主题。你可以根据适当的预先规划把这个标志放在你的材料上,把它合并到你的幻灯片里;你可以在开始的时候使用音乐并在观点中引用主题。这是创造一种真正得到客户赏析的、专门定做的方法。

---

①这是法律规定并且已经生效的。如果你想在当地行业协会的分会上演奏比利·乔的一小部分幻想曲,你需要得到允许,通常情况下,得到这种允许需要支付费用。同样道理,没有人可以在没有得到你的允许的情况下使用你的演讲录音。只是比利·乔能够比你更广泛地发挥他的这些权利。

最后，如果你通过网络研讨会、虚拟办公室和类似技术做"远程"演讲，你必须要做一些调整。如果一个观众也没有，请看着照相机。在你的演讲室添加视觉教具，让你的手势和动作在相机的界限范围之内，穿着不要引人注意（例如，在录像里，格子和条纹衣服通常太夸张）。如果没有听众，幽默也没有作用。

你明白了吧。根据实际环境进行调整。如果这是第一次，请排练。

吸引所有听众的 20 种方法

1. 宣传材料

分发宣传资料有以下三种选择。

① **演讲前分发**。这让参加者能大体了解你的主题，根据吸引他们的那些方面为学习做准备。参加者可以用宣传资料来追踪你的演讲。

消极方面：人们经常把它们弄丢，或者没有正确地发放宣传资料，再或者，如果宣传资料不够简洁明了，可能会误导参加者。如果你改变了事先安排的演讲排序，人们会感到困惑、注意力不集中。

② **演讲时分发**。它让人们用互动的方式来巩固刚刚学到的东西。人们可以在空白的地方添加额外的注释。在要求人们完成某些练习部分时，你也可以把它们当作互动的工具。

消极方面：分发资料经常会浪费时间，容易引起混乱，特别是在更短的演讲中。不是所有人都喜欢在个人回应中总结问题或记录问题。

③ **演讲后分发**。它充当加强剂的作用，并且提供了联系客户的一个理由。在这种情况下，材料正好可以用来进行讨论和做适当的修改。

消极方面：在演讲中很多参加者不再想做笔记，他们宁愿把宣传资料当作"拐杖"。

2. 演讲室的配置

实际上，有些人以指导演讲师如何创建演讲环境为生。事实上，低能的演讲师即使在卡内基音乐厅里也会黯然失色，而优秀的演讲师即使是在地牢里，也会让人惊奇不已。说完这些以后，我们来介绍一些安全提示。

如果适当，尽量安排一个中间通道让你可以到处走动。不要把投影仪投放在中间通道，它相当于把你放在射击轨迹的位置上。按照投放角度要求放置投影仪或者使用背投。

如果必要，尽量提前视察一下演讲室（通常是提前45分钟），以便进行改动。如果有人在你之前或者你在别人的演讲之后连续地使用演讲室，确定你需要的东西已在节目开始前准备好（例如，在介绍之前先给自己挂上微型麦克风）。测试麦克风是否有哑点和反馈杂音。有时候，演讲师站在天花板下面不可避免地会遇到反馈杂音。提前练习走动，以避免这些哑点，而不是在你阐述重要学习要点时再去处理这些问题。

3. 参加演讲前的活动

这是与人际关系有关的事情。我在这里提到它是因为它不是在演讲中出现的事情。

很多客户会给你提供在演讲前白天或晚上参加晚餐或者社交活动的机会。参加这种活动一般都是不错的选择，除非你的行程不允许。在这些活动中，你能够见到参加者并且成为名人；你可以了解客户最近的发展，并将其用到你的演讲中（我了解到您的现场人员数量增加了50%，这让我今天的演讲《留住优秀的人》比以往更重要）；你可以悠闲随意地与公司高级职员以及未来的潜在买家交谈。

4. 产品销售

在演讲时销售产品没有错。下面我们来介绍一些我认为很有用的方法。

▶ 在讲台上发放你的某个产品。我会找一个志愿者，把我"桌子上的任意一本书"奖励给他或者她，然后继续进行演讲。你也可以高举这本书或者磁带，并在当时介绍一下它们。
- 在会议上让你的介绍人介绍一下你的产品及怎样得到他们。说"琼斯小姐在此向参加会议的人提供15%的折扣"是一个不错的主意。
- 如果会议上有按协议布置的书架，请把作为特邀演讲师的你和你的图书一起展示。
- 雇人提供服务。永远不要自己来做。我自己从未用产品换过钱。如果你需要有人在协会、组织或者客户之间周旋，那么给这个人支付佣金或者固定工资。
- 接受所有主要的信用卡付费。通过你的当地银行或者美国运通就可以轻松实现。
- 创造"一揽子"价格，这样人们就可以用折扣价来购买每件产品。如果没有这种价格，就没有人能够利用它。如果有了这种价格，大家就可以利用这种价格，并且你能够从一个人那里拿到几百美元的销售业绩。
- 不管参观人是否购买，给每位参观人一份你的产品目录。你可以把会议或者客户名称印在目录上，并表示在30天内提供某种折扣。
- 把你的一些系列产品当作礼物送给行业协会图书馆、客户的图书馆或者有客户支持的慈善机构。
- 主动要求留下来签名售书。

5. 个人准备

如果你想给客户留下深刻印象，你必须在"正确的时间"出现在"正确的地点"。听众能觉察到犹豫和/或者注意力不集中。如果演讲师犹豫不决或者害怕，人们会变得焦躁不安。
- 把精力放在当前的演讲上。不要担心下周或者下个月（甚至明天）的演讲。
- 不要练习到完美，但是要让演讲给人舒服的感觉。听众不关心你是否完美,他们只有在你感到舒服时他们才感到舒服。
- ▶ 你要知道你的演讲不会成为西方文明的转折点。不管今天在讲台上发生什么事,明天世界还是会畅通无阻地发展。
- ▶ 把听众看作希望见证你的成功、成熟、聪明和有建设性的人。
- ▶ 你的工作是让买家高兴,满足买家的目标,不是为了得到喝彩或者评价表上的完美得分。
- ▶ 不要试图超越前面的演讲师,或者紧抓对每个人都有作用的东西不放。你很特别,只要利用你的优势就可以了。
- ▶ 刺激兴奋情绪。没有人会被陈词滥调和重复的语言激励。强迫你的听众去思考,让他有紧迫感。逻辑让人们思考,感情让人们行动。

6. 不要相信感觉的神话

有人说,在演讲之前,你应该有紧张的"感觉"。我不了解你,但是如果你在几十次、几百次、几千次演讲后还感到紧张,那么这绝对不正常,你可能需要寻求治疗。我有一种兴奋的感觉,迫不及待地想继续,但是我没有感到紧张。焦虑会消磨你的时间,扼杀你的反应能力,让你无法行动。在压力下表现良好的运动员不会感动紧张,他们感觉良好。消除你的紧张感觉吧!

7. 不要准备过度

有人说,只要有需要,不管这场演讲你做过多少次,你都要为这一次演讲做三次准备。如果你是一条鱼,也许你会这么做,因为鱼有一种有规律的 4 秒钟注意力持续时间。(这就是为什么同一条鱼会不断咬钩——它会在 1 分钟内把学到的东西忘记 15 次。)你可以为新观众、新环境和属于同一时期的演讲做准备,但是如果你每次要为你的签名演讲做 3 个小时的准备工作,最好检查一下你喉咙旁边是不是像鱼那样也有鳃。

8. 不要用空想的书来创作演讲

有人说,如果你有了一场演讲,那么你就有了一本书。这句话应该改成下面这种说法：如果你有了一场演讲，那么你就有了一本让人难以忍受的小书。演讲和写作是不相关的技巧，他们有时相互作用，但不等价。不要草率地看待一部出版物：创作一本书需要大量的调查，紧凑和阴谋家般的逻辑，精彩的隐喻和完美的结构。如果这听上去不像是很多书的创作过程，这是因为大部分的书都不好。(也许它们应该算是演讲稿。)你的演讲应该以每位听众和买家为中心，而不是以文学发展或者T恤衫的销售为中心。

9. 不要受例行方法或者内衣的约束

有人说，仔细研究你的讲台技巧并寻求指导。杰夫·斯卢茨基，我的一个演讲师同事，发现演讲教练更能葬送优秀的演讲师。内容和知识是日常都要有的东西，如果你有了这两样东西，得体的讲台技巧会让你优雅地完成演讲。如果你没有这两样东西，超凡的讲台技巧只会像在纸牌做的房子上加了一层糖外衣。我发现演讲者在演讲技巧上花费了过多的时间，但是其在做调查、发现新观点、熟悉客户和自发性方面花费的时间远远不够。

10. 永远不要担心你的评分

有人说，仔细检查听众对你的评价，要比检查你的库存列表还要细心。在我的事业生涯中，我有幸遇到阿尔伯特·班德拉博士，并一度与他合作，他是我们这个时代优秀的心理学专家之一。他对演讲师工作自我效能的提高提出了一个有趣的问题：人们对知识和能力低下的自我认知，造成过分重视和依赖外在的表现，从而维护他们的成就感；对知识和能力优秀的自我认知，则强调建立个人的学习目标和自我克制(用他的话来说)。请考虑一下他的话。

11. 不要试图在讲台上证明自己

有人说，我们的自我价值是建立在讲台上的成功和成绩之上的。我不这样认为，我们的自我价值应该建立在我们对周围的环境和社会、家人和朋友，以及我们对自己未来的认知所做的贡献之上。演讲只是达到这一目的的一种方式——很多方式中的一种。有人告诉我，他们所有的朋友都是演讲师，这让我感到很害怕。我们需要用广阔的视角观察社会，大量接触生活实际，取得丰富多样的生活经验，从而充实自己。这些才能让我们成为有用的人和在竞争中更优秀的演讲师。

12. 创造听众参与的带有自我诊断的练习

人们喜欢使用他人对他们自己的评估以及建议准则等映衬出对自己的期待。不管你是在和高级团体（例如，战略领域）交流，还是与前沿团体（例如，客服）交流，都要创造一种环境，让人们在这种环境中认识自己，让他们的同事感谢你的知识财产。

13. 不断列举问题

就算是在专题演讲和大型团体中，也要准备问答过程，这样你可以解释一些细节，还能让人们感到他们的个人问题已被解决。你可以安排工作人员手持麦克风在观众中走来走去，自己站在放大器的位置，或者你可以接受大声提问，然后重复这些问题（当然，你应该这样做）。会议越长，这个过程就越关键。

> 要求你为观众"降低"演讲难度、改变着装和降低你其他方面能力的建议是你得到的最差的建议。忽视这些人送给你的建议。

14. 使用小型团队

要求听众求助他们周围的人，或者使用更小的小组进行讨论，这些互动会产生良好的学习氛围，并且有助于使用你提供的技巧。当你和更小的小组合作时，要记住，例如，20 人的小组可分成 2 个人、4 个人或者 5 个人组成团队（或者 10 个人组成的 2 个团队）。

15. 早到并闲谈

演讲前，我在不透露我是谁的情况下，会到处走动或者坐在桌边，随便听听或者和参加人闲聊。（我总是在我们演讲开始前做这些。）我总能学到一些新鲜的东西和能反映当前问题的事情，而且他们会在我的举例和演讲焦点中起作用。如果我想用一些有关的细节，会征得当事人的允许。

16. 研究客户的历史

如果你要给客户做内部演讲，那么阅读一下它的网站或者附属资料上的背景。你肯定会发现可以用来举例的事情，他们是客户做过的事情，并且你能通过它强调你的观点。你可以把你的客户变成"英雄"，并向你的听众展示你只是强调客户已经做得很好但还没有意识到的事，并说明你离问题已经很近了。[①]

17. 打排球

把一些问题抛给听众。不要试图成为知识的源泉。如果你真的不知道答案，这样做对你很有帮助，它也有助于表明在你的讨论中需要的智慧和才能就在眼前。

18. 遵守你的时间限制

没有听众会对演讲时提前10分钟结束演讲感到不高兴（如果会议策划人这么做，不要管他或者她），但是如果你拖延2分钟结束，并且还在无聊地进行演讲，那么听众马上就会焦躁不安。人们会考虑电话、约会和其他事情，却忘了你刚才说的所有事情。请注意如何达到你的目的。

19. 使用一个反复出现的主题或提醒性的标识

我说的是用来进行改变的工具：1%的解决方案，这意味着如果你每天提高1%，那么在70天里你会比原来优秀两倍。我会定期性地预示点数，"这也许将是你的某个1%。"你不仅能够吸引听众的注意力，而且人们也开始使用你说过的短语。（"我刚刚得到了我的1%"。）

20. 永远不要认为你的听众水平不高

我见过一些演讲师给听众做演讲，好像他们是在给一个阅读补习班演讲。你必须认为你的听众是聪明的和成功的——这是他们坐在你前面的原因。你的工作是根据买家的目标帮助他们变得更好。永远不

---

① 我的兽医告诉我，默克公司对动物健康所做的贡献超出了历史上的任何一个企业，然后我在给他们的动物保健处做演讲时转述了这句话。那时候，屋里寂静无声，甚至可以听到针掉到地上的声音。"我们听到的一般都是投诉，"一个管理人员说，"但是我很少听到这样的消息。"

要迎合或者"降低"难度。给前 1/3 的人做演讲和授课,剩下的人会按照需要赶上。

把握你的时间

下面我们介绍一下你会嘲笑的事实:**你的时间和内容一样重要。**

如果你主持自己的会议,那么人们会希望你准时开始。如果你是别人会议的一部分(如一个主题演讲师、并行会议演讲师等),那么你稍微要靠别人的怜悯来安排你的开始时间。

按你的既定目标进行。在你承诺的时间休息,在你承诺的时间结束休息。(你可以在开始前用一分钟左右时放音乐,暗示人们回来。我见过这种做法,它能在 1 000 多个听众的演讲会中起作用。)调整自己的速度。不要把 40 分钟的内容塞进剩余的 10 分钟里,永远不要超过你规定的时间。

在演讲师业历史上,从来没有一位听众反对提前结束演讲。是的,有些人总想得到更多的时间(总是让他们想得到更多),有人为演讲师没有在最后 5 分钟内回答更多的问题而遗憾(会议中从来没有问答时间),尽管这样,他们还是和预定的一样高兴地离开,就像火车离开车站一样。

然而在演讲中,每超出规定的 1 分钟,听众就会忘记演讲的前 10 分钟内容,如果你的演讲超出了规定结束时间的 10 分钟,那么你的听众就会忘记前面 90 分钟演讲的全部内容。(有些故事是关于专业学者和他们无处不在的电脑幻灯片的,他们带着 120 张幻灯片来做 1 个小时的演讲。自己想想吧!这些都是以自我为中心的演讲师)

超出原定的演讲时间 30 分钟以后,人们就会开始想以下问题:

- ▶ 我如何参加下次演讲?
- ▶ 我还有时间打电话吗?
- ▶ 我需要给录音机充电。

- 我还有 6 封电子邮件必须发。
- 我的 Twitter 账户过期了。
- 我有许多打算(做预定、送花、到我的假释官那里报到)。
- 我能来得及上厕所吗?
- 我得做头发了。
- 我很想喝些东西。
- 我要见朋友。
- "意外地"碰见贾斯汀、布列塔尼或者其他人会打乱我的时间计划。
- 我需要抽一根烟。
- 我必须要换个座位,我旁边的那个人有体臭,还有很多体毛。
- 我需要给办公室打电话,试一下演讲师刚才的建议。

大多数听众至少有 4 种上述想法,同时还会产生焦躁不安的情绪。

> 演讲师知道何时结束与知道怎样演讲一样重要。

当然,重要的是你在演讲中恰到好处地介绍了强有力的观点,并且没有在 40 分钟的缓解气氛的谈话、30 分钟的练习和没用的可视教具上浪费时间。

最糟糕的案例: 当前面的演讲师用超出其演讲 30 分钟的时间来给他喜欢的慈善机构做游说时,我——作为在解决管理不当问题的人力资源大会上做结束演讲的演讲师(大会上还有惊喜),只能徒然地等待。在给我做完介绍之后,我只有 20 分钟的时间,但是我的演讲材料长达 60 分钟。

我看了一眼焦虑的听众,然后说:"按照事先的宣传,我会在下午 4 点结束演讲。我把演讲缩减为三个最重要的要点来补偿失去的时间。我需要你们认真地听这三个要点!"听众们听后,为之一振。协调人皱了皱眉头。(他没有得到全部的 60 分钟的报酬,这就是我需要提前付款的原因。)

下面我们来介绍一下怎样小心地留住你的时间。

- 用录音机来练习和排练。注意你至少要加速10%,不能考虑笑声、掌声或者提问。这样演讲时间会缩短到原定实际演讲时间的75%。
- 在时间更短的演讲里,把提问局限到你规定的时间里,然后根据你是否能按时出现进行调整。你可以将其减短、延长或者完全取消(如果你没有提前说会给提问留时间,那么这很容易做到)。
- 保证你能够在讲台上看到钟表或者手表,但是不能让听众看到。不停地看手表很不礼貌。一些组织除了安排计算机或提示器以外,还会在讲台前安排一个钟表。
- 把你的即兴发挥压缩到最少。你在演讲时可能会想到有趣的故事或者举例,但是如果你离题太远,那么你会迷路。
- 针对提问做出的答复要保持简短。不要卖弄你的才能。简洁地回答问题,不要通过背诵大学时对这一主题所做的笔记来证明你有多么聪明。
- 要求在前排安排一个在规定时间做出手势的定时器。(例如,开始前10分钟、开始前5分钟、开始前1分钟。)始终有一个能显示时间的卡片,使你能够清楚地看到卡片。
- 把"调整速度"放在笔记的每一页的顶部,这样在你低头时就能看到它。(你们中的大多数人速度都太快而不是太慢,这意味着你可能会很早地结束演讲。)
- 如果你的演讲"很短",那么请延长提问过程,并使用为此而准备的材料。
- 按照你以前发表演讲或做讲习班的经验来调整你未来的时间规划和材料。

当你跟你的同伴说"如果它能减短20分钟会更好"时,有多少游戏你会玩到结束?在这种情况下,心理上的结束点早就已经过了,但是对你来说,总有一个你不敢超过的真实的结束点。

随机应变

你偶尔会碰到一些问题。下面我们来介绍一下最常见的问题和解决办法。

- 不适宜的设备。你需要一个无线翻领麦克风,但是他们只有手持型麦克风。你要求投影到一个角落,但是主办方却投影到了中间的通道上。
  - **预防措施**:给客户发一份清单,然后提前一天打电话确定一切同要求的一样。
  - **适应性措施**:你可以带着自己的翻领麦克风出差或者你可以提前一天或者当天早上检查装备,然后按照你的需要做出改动。
  - **最糟糕的情况**:被迫接受现实。
- 前面的演讲师或者整个会议晚点。
  - **预防措施**:如果你打算同一天离开,那么让你的客户提前知道你必须出发的时间。如果有晚点,建议客户把你的日程向前安排。要在规定的时间结束,即便你要缩减你的计划。(总是要提前得到付款,这样你才能有主动权。客户的散漫不是你的问题。)
  - **适应性措施**:坐晚一点儿的航班或者改变你的出差计划。问一下你的客户,他或者她希望演讲保持原来的长度,还是想缩短演讲。(记住在这些情况下听众容易感到疲劳或者有些不合作。)
- 主要干扰。例如,火警、疾病或者其他类似情况。
  - **预防性措施**:为了预防紧急情况,准备一个可以去掉或增加你的材料的 1/3 的计划。
  - **适应性措施**:要求人们按照相应的指示行动(离开大厅,给医疗急救人员让出通道),充当领导者的角色。在休息间隙时间询问客户如何继续进行演讲,这取决于混乱造成的中断时间的长短。
- 无法到达演讲地点。
  - ❑ **预防性措施**:看天气预报,并了解目的地和途中的情况。永远不要安排在演讲当天早上到达。如果有所担心,那么多安排一天,即便是海外业务,也要做这样的准备。永远不要在演讲之前才为活动做安排。
  - ❑ **适应性措施**:总有一个或者几个愿意临时补缺的同事,或者说有相当多数量的这样的同事,因为他们中大部分人愿意忙着。他们一直带着客户的固定电话或者移动电话号码,主动充当代替人的角色。
- 外界的噪声。
  - ❑ **预防性措施**:查明你隔壁房间住着什么人或者有什么活动。你要在演讲当天进行声音检查。
  - ❑ **适应性措施**:暂时休息一下,要求客户的工作人员找到酒店工作人员来处理,或者由会议管理人员来处理。(它通常是来自隔壁的声音——我的隔壁曾经是40个人的洗礼唱诗班——他们相当虔诚。)
- 由于客户不小心的动作而引起的混乱。
  - ❑ **预防性措施**:强调你们在一起的时间很短,要求在有限的时间里集中精力。我最喜欢说:"你永远都会有那些电子记事簿和电话号码,但是你和我只有接下来的59分钟。充分利用这个更有限的机会怎么样?"最后,在演讲中做出突出的表现,特别是在开始的2分钟里,这对提高听众对后面事情的注意力并保持较长持续时间起决定性作用。[①]
  - ❑ **适应性措施**:要求人们安静下来,这样大家才能听见演讲。

[①] 注意:很多人都用小设备来做笔记,不要太早下结论:他们是在发短信或写邮件。如果他们是在发短信和写邮件,不要亲自没收。

要求有个人安排和需要交谈的人们到室外交流。不要忍受任何公开谈论其他事情的人。

- 出现停电或者技术问题。
  - ❑ **预防性措施**：在演讲当天测试设备。总是给使用视觉教具播放的文件准备复印件。使用两个麦克风。(你可以用一个来录制演讲。)
  - ❑ **适应性措施**：使用宣传资料来代替投影幻灯片。让人们靠近一些，成功使用你的声音而不是依靠麦克风。如果你认为停电问题可以马上解决，那么利用这段时间休息一会儿。
- 不知道讲到哪里了。
  - ❑ **预防性措施**：永远不要靠背熟你的演讲稿来解决问题。在讲台或者桌子上放一些笔记作为提醒。把你的视觉教具当作大纲。
  - ❑ **适应性措施**：问："我说到哪里了？"(我看到百老汇的明星是这么做的。)看一下笔记，然后停留一会儿。从下一步重新开始，与停顿前的中断连接要合乎逻辑。
- 有意外和可笑的事情发生。
  - ❑ **预防性措施**：见以后的部分。
  - ❑ **适应性措施**：随波逐流。大笑一声，然后慢慢回到你的主题和观点。成为客户快乐的一部分，但是不要让别人感到尴尬。

把错误和麻烦变为不同寻常的机会

我认为用我见过、记住或发现的最好的转变、转折、回复和"拯救"来结束这章会很有趣！你总能逢凶化吉，并且不能太把自己当回事。

- 有人说："我不同意你的观点；他们和我知道的有道理的事情相互冲突，你的观点是错的！"这时你要说："请不要客气，告诉我你的真实感受。"
- 当你走上讲台的时候,你被绊倒了(我遇到过十几次这样的事情)。这时你要说:"我们从我所写的与协调功能有关的新书开始。"
- 有人的手机停电关机了。你要说:"我跟你说过要用我的电话。"
- 你在一个字或者一个词上不断结巴。这时你要说:"说这个对我来说太简单了。"
- 你叫某人时叫错了人名,例如,喊出萨丽的名字而不是简。这时你要说:"我打赌你觉得我刚才给萨丽打过电话,对吧?"
- 无法让人们在休息或者午餐后按时回来。每天任命一个"房间总管",给他或者她一个口哨。
- 找不到志愿者。给你找到的第一个志愿者一个奖赏。(例如,送他某人的书。)
- 无法消除干预噪声(如洗礼唱诗班)。随着旋律摇摆,告诉人们,要求他们押韵地提问。
- 你的视觉教具顺序不对、有破损、上下颠倒或者有其他情况出现。让大家从侧面看或者从上面看。
- 两个人争论起来不能停止,或者频繁地大声强调彼此的观点。这时你要说,"你们两个需要几分钟吗?"
- 客户方面的人告诉你,他或者她想让你在演讲里改动或者添加某些东西,或者说哪些东西没有作用。找你的买家。忽视随意的反馈,除非是买家要求的。如果反馈太多并且相同,那么处理一下。
- 人们不断要求你改变温度。拒绝改变,除非必须,或者你看到了人们呼出的水汽。如果其他人没有做出相同的要求,那么一个人要求改变温度是自私的表现。
- 当你在演讲现场时,客户要求你做额外的事情或者做备用人员。如果你不想做,你可以说:"抱歉,我对此没做准备,提出这一要求与演讲目标不相称。"如果你想做,你可以说:"我很高兴做这些事,可能有些困难,但是我们会做到的。我希望你能把这次活动当作我希望与你长期合作所做的调整!"

总结

语言是我们这个行业的工具。忽视那些告诉你非语言行为很重要的人。人们关注你说的话。你不能用你的脚上功夫来扰乱听众,或者用音乐,或者用幻灯片。

但是你可以对听众使用这一章里介绍的各种技巧。一定要耐心。让你的演讲变得有趣、有责任和迷人。不要害怕变得激进、遭到质疑或者成为持反对意见的人。一些付费较高的客户要求我们当中一些人必须做到上面提到的观点。

麻烦就像下雨一样总会发生。不管干旱持续多长时间,雨水总会落到我们头上。仔细准备,把可能性降到最低,并且视情况把影响减到最小。不管发生什么事,其都不会是第一次发生,也不会是最后一次发生。

事实上,你可以把错误和意外变成不同寻常的、让人高兴的和教育人们的机会。请记住,听众基本上是支持你的,他们很希望成功,除非你丢掉了这份信任。为什么不让他们一起来享受快乐和学习呢?

第 11 章

使人乏味的事：非演讲方面的收入

> 我们一晚上赚了多少？

永远不要把产品当作"销售物品"，应该把其当作价值的延伸。你不是在努力挣钱，而是在提供不同形式和形态的价值让人们得以用不同的方式进行学习。

让这些成为你的习惯。

我在《天生一对》中的搭档，之前提到的帕特里夏·菲利普，在参加很多演讲活动时都会带一个备用购物袋来装自己全部的产品。在袋子的一面上写着："与菲利普一起回家。"

真的是这样。

创造产品和服务收入的 10 种观点

包括节假日和周末的每天早上，我的邮箱、语音信箱和/或者邮政信箱里都会装满订购书籍、册子、下载资料和时讯报道的订单。有时我在睡着时创造的价值要比清醒的时候更有效率。

长期以来，我一直不支持产品销售，因为我觉得在讲台上出售产品很卑鄙，即使最擅长产品销售的演讲师，也无法掩饰他们正在做的事情。举起自己的书，说出它的价格或者宣布你会高兴地留下来介绍

"个性化"的图书,这会产生出一系列微妙的破坏作用。如果有人把你当作叫卖的小商贩,你的形象会有所减损。

我现在还是那么想的,从来没有而且永远也不会在听众面前推销产品,虽然我知道这一目标相当合理,并且有些方式十分适合我。但是那会使我忽视掉自己的使命:首先而且最重要的是帮助客户改善目前的境况。

不管你是给企业、教育、非营利性、民事或公众组织演讲,还是给公益性组织演讲,总会有一些听众希望在你演讲之后继续他们的成长和教育。满足这一需求的最好办法是通过个人化的学习选择。当我意识到我们所在的不是"演讲"业、"研讨会"业、"培训"业或者"专题演讲"业时,我开始醒悟。我们处于信息行业,而且信息可以通过多种形式存在。

好消息是用不同的形式提供额外信息,这是我们这个行业最本质的一面;坏消息是很多演讲师将其看成是主要的而不是次要(后续工作)的角色,并且创造出随意的、品质低劣的和相当于收入生成器的产品。一个产品拥有的内在价值越多,它会把你在讲台上讲述的学习经验保留得越久,那么将其看成是过程改进,进而自然延续的可能性就越大。

我经常说不是每个人都能因为有一次演讲就能出版图书,但是我相信如果是演讲师,就会有产品。一本书可能不是正确的选择,但是幸运的是,有很多种选择。目前,至少有 12 种实用的方法可用来创造和推销产品。

- ▶ 能让参加人通过演讲时所学到的技能得到持续的收益。
- ▶ 可以帮助买家为听众提供额外价值的机会。
- ▶ 可以创造出持久性和知名度,从而产生其他的业务。
- ▶ 可以从从未参加(或者不能参加)演讲的人那里获得收入。
- ▶ 可以在媒体中提供促销机会。
- ▶ 能够提供(在正确的背景下)信誉。
- ▶ 有助于客户将你从在相似位置、相似话题范围或者相似行业中的竞争者中区分和辨别出来。
- ▶ 可以创造收入，这在你演讲事业的低潮期会很重要。
- ▶ 可以建立品牌。
- ▶ 可以是思想领导力的表现。
- ▶ 能利用当今便利的多媒体。
- ▶ 可以很快遍及全球（并且可以被翻译成各国语言）。

对产品来说，还有一些不能忽视的负面效应。
- ▶ 如果产品被粗俗地进行推销，那么这将贬低你的专业性。
- ▶ 如果产品被粗制滥造，那么这将损害你的信誉和专业形象。
- ▶ 如果只有产品而没有营销策略，那么将导致净亏损。
- ▶ 如果产品过于专业和陈旧，那么会很快被淘汰。在意识到自身的全部潜在利润之前，要么将其丢弃，要么对其更新和进行投资。
- ▶ 如果过度推销或者过多地发放这些产品，可能会让人们对你所拥有的更有价值和更有效的经验失去兴趣（见后面对加速曲线进行的讨论）。

如果产品被细心地开发、聪明地营销和专业地销售，那么收入会明显超过风险。如果你有这种倾向，那么产品销售将会是你从事的信息业的一个自然而又有利可图的分支。然而，驱动事业的力量是你的演讲，产品应该位于次要位置，这意味着演讲师首先要以发展成功的演讲事业为重。过早地把时间和金钱投入到产品里会削弱你演讲事业这辆列车的推动力，即使你只需要一辆游览列车，也会如此。

> 一般来说，在你把开发产品当成另外一个目标以前，应保证单独靠演讲可以支持你目前的生活，并且可以持续至少一年的时间，这样对你来说可能是明智的。

我认识一些演讲师，他们靠全天工作来挣扎谋生，他们大部分的演讲不是公益性演讲，就是价格很低的演讲。但是，他们仍然忙于大量炮制自行出版的书籍和视频。这不是创新商业战略，而是令人震惊的和不可思议的战略。如果这是要告诉世界你有一本书或者专辑,并且你自我感觉良好,我保证没有任何组织和买家会对其感兴趣。

现在有 10 种利润最大的产品和服务。这个列表不全面,但是我相信对任何一个演讲师来说,它代表了最合适的领域,不管这个演讲师在讲台上做了两年还是 20 年。

1. 书

在这里,会赚钱的人是自己出版书的人,我们会集中精力来讨论他们出版的图书。(对那些进行商业出版的人来说,请看一下脚注①。)自己出版的书有以下两种风格。

① 和出版商/代销商协商,他们可能不能分担生产成本,他们是为了拿到部分(有时可能一大部分)版税才进行宣传和销售的。虽然这种方式在某些人身上很成功,但是我不支持这种方式,虽然这样会有一些有利的条件(有促销活动、大型书店连锁销售、图书上印有主流出版商的标志),但是其还存在着很多对商业出版商不利的条件(与出版社进行收入分成;在题目、封面甚至内容上进行让步等)。

② 找一个好的平面设计师和印刷厂,他们会特别按照书上的说明来做,这样所有一切都由你来掌控。优点是得到很多的净利润,并且能完全按照你的想法灵活而准时地进行操作。缺点是所有的营销和促销都要靠你自己来承担。即使有人泄露说你已经出版了某样东西,人们也不会主动登门,并把你的门敲破。(按照恰好够用的方式印刷和按照需求印刷也会降低图书的生产成本。)

你可以自己出版精装书或者平装书,也可以出版冗长的学术巨著

---

① 有三种方法可以靠一本书在大出版商那里赚到钱。第一种方法是靠卖书获得版税。第二种方法是从大折扣商店主那里(例如英格拉姆)用 4 折的价格买你自己的书,然后用零售价重新销售(或者其他合适的折扣价)。最后一种方法是你可以在编写结束后自己印刷(依照"归还权"合同规定),然后把它当作自己出版的书来销售,这样我们又回到这部分讲的内容了。

或者册子。我发现一本大约 60 页的很成功的册子，它涵盖了我所有的演讲主题（至少是一个主题的大部分）。在这 60 页里，只有 30 页是真材实料，另外的 20 页是一些突出的要点、引用和学习帮助，剩下的就是自传资料、与产品有关的信息以及订单页。我在封面设计和纸张品质管控上花费了很多资金。第一次印刷 2 000 本的成本是每本 2 美元（包括拼版的一次性成本、排字等），后续印刷 2 000 本的成本是每本 1 美元。虽然数量大一些会节省费用，但是我还是限制了印刷的数量，原因有两个：

▶ 库存需要空间和成本。
▶ 我想要轻松自如地对图书进行更新，而不必担心放在地下室里的 1 万本图书库存。

比如，如果第一次销售 4 000 册，每册售价 6.95 美元，那么我得到的净利润是 2.18 万美元，与此同时，我还有 5 册登记在库存目录。如果我一年卖 2 000 册（2 000×5×$6.95），那么净利润是 5.95 万美元，这只够支付我的银行抵押款。

写出一些易读、包含大量图表和例子的书或册子来吸引人们的眼球，这就是你需要专业设计师和印刷厂的原因，其成本在今天竞争激烈的市场里已经小得不能再小了。经常会有客户多次购买，对客户来讲，一次性购买几百本《我的领导力》或者其他创新性的书来卖给听众以外的人也很常见。

书和册子可以在"停工"期间印刷，它们可以被当作演讲之外的增值物，也可以被当作演讲的后端隐性销售，这样也可以给那些不能亲自听你演讲的人提供学习的机会。

适用于所有产品销售的最后一点：如果你要在演讲地销售产品，那么请雇人而不是自己来提供服务和销售。你可以给旁边的人签名售书，但是最好远离实际的销售环节。

让你的介绍人和纸面宣传资料来告诉听众，你的书是专门为他们而写的，不要自己在讲台上这样宣传。

顺便提一下，我最新出版的书 (*Thrive! Stop Wishing Your Life*

Away)是一本 230 页的精装书,由印刷厂印刷。它也是一本由我自己出版的书,在 amazon.com 上的销售量是 2 万册。(相比较而言,由麦肯锡出版的 Million Dollar Consulting 的销售量是 1.4 万册。)

2. 下载资料和CD

这个方法很受欢迎,因为很多人把资料放在 iPod、iPhone、电脑或者汽车上来进行学习。你可以单独发布,或者将其做成专辑销售,也可以按照系列进行销售。有很多制作室擅长制作各种各样的资料,从艺术品到专辑编排,从磁带编辑到复制资料等。

电话会议很适合用这两种方式来制作和发布,客户可以充分利用他们的资金和精力来创造额外的产品和学习机会。

我的所有音频作品要么是由听众参加的录音演讲、电话会议,要么是用参访者之间的互动来代替听众参与的电台采访。我尽量让他们保持在一个小时的时间内。有一些可以进行单独出售,还可以把其他一些资料做成由三个单元组成的系列,然后按照系列进行出售,另外一些则用更大的系列或者做成带文字资料的专辑出售。

让专业人士编辑你的作品。如果演讲介绍人不能胜任本职工作(很常见的事),那么请立即换一个新的介绍人。去掉音频资料的外来噪声,例如 5 分钟的听众练习等。你可以用很有竞争力的价格来换取磁带剪辑、复制、商标权、包装和相关的服务,这已经是一个很有竞争力的产业了。你需要四处走访,然后询问一下其他演讲师的有关经验。抛开其经济效益不谈,我建议在建立可靠的销售渠道之前,要保持相对有限的库存数量,第一次的印刷数量控制在几百册到 1 000 册之间,精装本 2 500 册左右。当然,网络下载资料没有这些限制。

我的做法是让我的技术专家把我所有的录音作品和下载资料放在 iTunes 上,并把这些资料放在我的博客和网站上进行存档。

自行出版的磁带和自行出版的书面临着同样的挑战:营销。我们会在本章进行更详细的介绍。

3. 视频

视频必须经过专业制作。我永远也不会忘记站在照相机前在画架上画画的家伙。他制作视频的价格只有 10 美元，但是请不要这样做。

最好的制作视频的方法是和客户合作共同制作出一个视频。这意味着客户允许制作人员对你和听众进行拍摄，为了达到要求的高品质，需要允许对演讲地点进行照明和扩音。作为回报，我让客户可以选择免费的视频副本、收费打折或者按照客户要求制作会议录像。很多客户会有礼貌地接受这种补偿，但是就现场观众和经过专业布置的环境而言，你付出的这种补偿物超所值。

必须根据视频产品的内容来调整你的演讲，这可能意味在演讲中不能引用客户的名字或者客户的具体事例，还要避免与时间有关的举例，包括会引发听众参与和反应的手段（幽默、提问、要求），只能用那些适合录制的视频，并且你需要征得出现在画面上的每个人的允许才能放映，或者征得所有人所在的组织的同意。

从我自身的经验来讲，被当作产品来销售的视频不应该超过 1 个小时，30 分钟就可以了。根据我们前面提到的因素，零售价为 15～95 美元。但是生产成本可能会很高（除非你足够聪明，能和工作室达成互惠协议，例如内部培训、其他演讲师或客户的推荐信等）。一次使用两台照相机进行专业制作，包括所有设备租赁和人工编辑，需要 5 000～10 000 美元的成本。好消息是和音频复制类似的 DVD 翻录工作十分便宜，根据数量的大小，价格为 5～10 美元。

制作一份录音需要花费 5 000 美元，生产 100 份磁带，每盘成本 10 美元，这样前期制作需要投入 6 000 美元。如果每盘售价 60 美元，会使得首次发行不赢不亏。要公平地对待成本和售价。视频产品最好是由同意承担费用并支付版税的制作人或者代销商来做，或者等你的名气和声誉大到足够影响销售的时候再做。通常情况下，视频是对演讲师有意义的产品，演讲师依靠以前出版的书和磁带就能得到新产品的订单。

你可以在网站上播放专家的视频来刺激潜在买家的兴趣，也可以将其当作"演示"视频提供给需要这种视频的买家。

4. 时讯报道

我说的不是那些公然大吹大擂、由演讲师大量免费发放的宣传单，我说的是人们经常购买的 1 个月、2 个月、4 个月出版一次的 4～12 页的出版物，或者类似的电子出版物。

这虽然是一个艰难的市场，但也是有利可图的市场。应该具有定期接触新信息的能力，并购买那些达到前面提到的成功标准的信息产品。如果你正处在这样一个位置，能不断地接受新观点和新信息，或者正在创造新的方法和技巧，或者可以对不断发展的问题事件做出反应和提供处理方法，那么你可能会想写出一篇时讯报道。

最大的一个问题是，如何促使人们花费时间阅读与他们的工作和利益有关的无数资料。一个最大的优点是自然继续订购：如果人们喜欢这个产品，那么原来的销售会自然发展成全年业务，这是一个强大的收入来源。

一份 8 页、双色、经过专业设计和印刷的时讯报道的生产成本大约为 500 美元一期（第一次发行在设计、制版、拼版等方面大概需要一次性投入 2 000 美元），邮费根据发行量而定。如果你的时讯报道是售价 45 美元的季刊，并且吸引了 300 家订购商，那么你第一年的利润是 9 500 美元 (300×\$45-\$4 000)。如果订购商的数量在第二年达到 500 家，那么去掉邮费后你的利润是 2.05 万美元 (\$45×500-\$2 000)。

你需要有组织技巧、爱好、写作能力和时间，但是首先你要有领导能力。如果时讯报道是针对特定市场专门而做的，还有业内可靠人士的支持，那么这些时讯报道将会完美且理想，并且内容质量较高。这种时讯报道不能为你的新书、演讲计划或者奖励和荣誉做宣传。要让它带给买家以价值为中心的资讯内容。没有人会花钱去读你的促销广告，促销广告只可能是免费的。电子版时讯报道更难进行收费，他们其实是宣传你的品牌和名誉的免费工具。

我认为时讯报道是很专业的产品，他们可能最适合那些买过演讲师的其他产品的客户群。但是演讲师也经常忽视这种完美的传媒工具，这些产品可以产生年收益，并且可以提高你的信誉和地位。把时讯报道寄给像《底线商务》(*Bottom Line Busines*)、《培训杂志》(*Training Magazine*) 等刊物或者当地的报纸，你会发现这些媒体会采用你的这些报道。

人们抱怨时讯报道"太多",是因为有人订阅并阅读时讯报道。竞争开辟市场,但是不会限制市场。

5. 建议和忠告

大部分演讲师的最珍贵的财产是他们的知识财产。他们不应该简单地重复别人的观点,而应该提供专业知识和特殊的改进方法。这些东西可以在讲台以外的地方出售。

几年前,我在科威国际不动产做过几次演讲。买家发现我的咨询方法不仅对公司的内部服务人员具有一定的信息价值,还能给全国的服务人员提供"实时"帮助。因此,一个叫"艾伦问答"的免费电话建立了,它用来鼓励那些服务人员随时打电话并留下他们目前面临的与客户境况有关的问题,并保证在24小时内做出答复。作为回报,我拿到了3个月的预付费来运营这个项目。第二年我出现在一个互动电视节目上,这个节目完全由第三方管理。谁知道下一年会发生什么事情?

我不会把在发布平台上提的建议叫作"咨询",因为从客户收益的角度来讲,这样做,其达到目标的过程是很漫长的,并且不依赖于你是否在场。①从电视可以被录制的意义上来讲,这么做是消极的,因为随时可以进行提问,但是不能马上得到回答,只能在事后得到回复,并提供接近你的机会。一些客户希望他们的管理人员能在演讲前与你进行交流,以便得到一些内幕消息、幽默内容或者吸引听众的一些技巧(这也许可以算作咨询)。

6. 电话会议

你可以在家里轻松地进行收费不到100美元的电话会议,根据你的品牌、价值和时间,收费为29~100美元。

我每年进行10次电话会议(但是我不在一月份和二月份做),按照系列或者单个会议收费,所有的这些会议都可以通过我的网站购买。

---

① 除此以外,很多演讲师称自己为"顾问",实际上他们不是。他们不应该混淆视听。从自身来讲,演讲、培训和咨询都是高贵的职业。

第 11 章 使人乏味的事：非演讲方面的收入

到现在为止，我已经做过 70 多个电话会议，包括采访、案例研究、角色扮演、演讲等。它们全部被录下来做成 CD 或者专辑来销售，现在还可以在网上下载。下载资料是免费供给订购商的，对事后订购的人来说，购买费用超过了电话会议本身。

电话会议也能把你塑造成一位思想领导家，其包含问答过程。如果你想见他们，可以直接到达演讲现场，例如通过 iTunes 就可以实现这个过程。

7. 播客

有了专门的软件以及任何好的麦克风，你就可以录制播客了（有授权使用的音乐和音效）。播客一般比较短（10～30分钟），但是也可以长一些。你可以创造一系列单独的演讲。

给播客收费比较难，但是你可以很轻松地订阅，并分发给挑出来的听众。其不如电话会议那么正式，通常不包含问答过程，但是可以提供及时、积极的信息。

8. 手册和指南

我的导师计划（新人帮带计划）的一个成员是计算工厂和建筑物热损耗与能源成本的专家，他开发了位于计算尺和鲁比克魔块之间的、简易的非电子十字架，它可以让维护工程师或者站点管理员很快确定能源浪费量。他能够很快将其转换成可以出售的产品。

我的导师计划的一个律师为小型企业（他们有自己的法律或者人力资源专家）开发了一些简单的指南、手册、图表和列表，可用来处理聘用、解聘、评价、福利管理等事项。他放弃了正式的法律工作，在自己的网站上出售这些项目，包括允许不限量下载的年度会员资格。

9. 工具

你可以把刚刚提到的能源指示器当作一种"设备"，因此我在这里把它列举出来。一些形象顾问提供的演示图表（通常带有可移动的和相匹配的指示器）能让你说出哪些颜色适合哪种类型的皮肤，哪些配饰与外套相配，哪些服装适合不同的场合。

你有哪些有价值的东西可以提供给这种类型的自我学习和个人使

用呢？

10. 聊天室和论坛

在建立社区时，社区的价值是属于你的，不管你有没有参与交易，它都是你一手建立起来的。例如，如果你浏览 AlansForums.com，会发现一个只允许会员参加的聊天室（普通网友只能读到一部分内容），这个聊天室提供全球范围内的谈话、案例研究、推荐和全天候的建议。

会员会珍惜这种体验（此时此刻我们拥有 7 万个电子公告牌），因为我创造并且经常出现在这个聊天室，所以荣誉属于我本人。与我做独家咨询一样，"拥有"某种职位的人构建了活泼且长期存在的社区：其中包括做销售的杰夫·基特玛、擅长创作的赛斯·高汀和做教练的马歇尔·戈德史密斯。

加速曲线

我组织过一次百万年薪俱乐部的年度聚会，与会者是一些每年有七位数收入的企业家。在会议刚开始的时候，一个名叫马克·史密斯的会员与大家分享了他成长的直角坐标系里从左上到右下的曲线。他解释说，纵轴降低了接触顶端客户的障碍，横轴指向右下角，代表更高的收费和更亲近的行为。

我称其为"加速曲线图"，因为当人们通过不同的方式购买你的产品和服务时，他们在向更高的收费和更亲近的行为移动。信任和品牌让人们沿着曲线迅速下降，而这种观点没有考虑到，在这个过程中没有简单的下一步的"分歧"。

然而，当我们开始把它应用到这些企业时，我变得越来越不安，因为我的很多客户会购买一本书，与你正在读的这本一样，然后"反跳"到曲线上更远的一个点。此外，口头宣传和品牌化经常直接把人们带到曲线的右侧，而不需要在左边取样。

你在图 11.1 上看到的是修改过的加速曲线图。

第 11 章 使人乏味的事：非演讲方面的收入

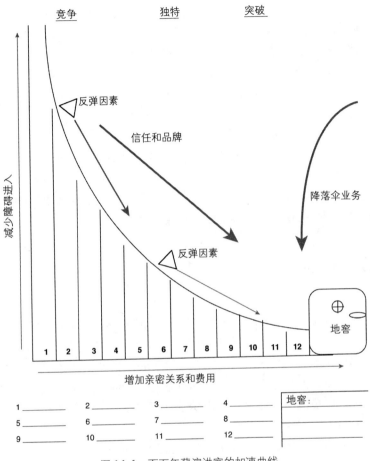

图 11.1 百万年薪演讲家的加速曲线

- 从左向右，产品和服务通常会从竞争移动到独特再到突破。
- 从左向右，通常提供的是更高的收费、更亲密的关系，但不再是劳动密集型服务。
- "反弹因素"让你推动客户显著向前（例如，一场电话会议可以推动客户雇用你做一系列专题演讲的吸引力）。
- "降落伞业务"就是直接"落进"右侧的业务。
- 对你和你的条件来说，你的"地下室"包含的产品必须是独一无二的，例如，聘用定金，许可，保证出场，等等。

因此，我给你以下几点建议。

① 确定你至少有 3 种竞争物（例如，册子）、6 种特殊物（例如，典型的专题演讲或者培训会议）和 3 种突围物（例如，培训培训师或者"新兵训练营"）供给；

② 把你的地下室用保留物、批准项目和有特许经销权的知识财产、视频和远程教育等填满；

③ 建立你的品牌和主要市场，这样降落伞业务会增加。

如果你想迅速成功，并爬到这个行业的顶峰，那么你需要强有力的、不断发展的和个人化的加速曲线图。用这个图表来填满你的内容。（或者随时让我来帮你。这就是"反弹因素"。）

建立消费群

大家都知道 iPhone 有应用。在我写作的时候，它大概有 15 万个 APP 应用程序，在你读到本书时，这个数字可能会又翻了一番。

苹果创造了 iPhone，人们购买 iPhone；其他人为那些用户创造了应用程序，但是更多的人还是喜欢应用。iPhone 创造了更先进的版本，然后更多的应用出现了，并吸引了更多的用户。现在你明白了，这是一幅永远不会结束的画面。

我把这种现象称为反复激增、呈指数增长（简称 REV）。它能够不断创造价值、吸引能够提供更多价值的人，因此也使自身更具吸引力。它是一个永久运动的机器。

我的社区起着相同的作用，我指的是在非演讲收入举例中提到的聊天室。在我的聊天室交流的人从我这里获取价值，不管我在还是不在，因为我是管理他们使用媒体的人。他们自己的价值和贡献还可以吸引其他有价值的人加入。此时，我的价值在增长，虽然我个人可能和那些新人的加入没有关系。

从我自身创造的、与我自身相关的 12 个社区中，你能看到这些带给客户的价值吸引力像永动机那样始终不停。例如，在我的"导师社区"里的成员每年至少要在"导师峰会"上聚会一次，在峰会上，围绕着我的讲习班、经验和团队，已经形成小型社区形式（"百万年薪咨询大学"的毕业生实际上已经形成自己的聚会）的经验交流团体和小组。

同样，你可以在你的客户网里建立社区，这样可以不断检查和巩固你的价值。作为一位演讲师、培训师、顾问或者任何相关的专家，你的社区可能包括下面这些人：

▶ 某一层次的买家（例如，销售副总裁）
▶ 参加者
▶ 现场管理者
▶ 对你的主题和专业知识感兴趣的人
▶ 追求你专长的人
▶ 你的一些专门项目的"毕业生"
▶ 你内部培训的培训师
▶ 读你博客的人
▶ 订购你的时事通讯的人
▶ 电话会议听众
▶ 播客听众
▶ YouTube 浏览者
▶ 社交媒体平台组织
▶ 你的读者

你现在应该清楚了。我可以简单地把这个列表扩大三倍。你做什么才能创造、培养和扩展这些专门的社区，使他们交换信息、建立分组和吸引其他人，而且所有这一切都在你的保护和控制范围之内？

> 你的价值经常在没有演讲的时候激增！

用我们手边的技术，并通过明智地提供知识财产、做介绍、创造新的经验和利用我们的品牌，我们可以组织、监控和发展这些社区。

正如我前面说过的,你可能不会同意我们的说法,但是如果你从事销售但不认识道杰夫·基特玛;或者你在从事培训行业,但不认识马歇尔·戈德史密斯;或者你从事独家咨询但不认识我,那么你不在主流之内,并且是一个外行。

在这个高级阶段,你能通过提高自身形象以作为重要目标来创造客户,让人们获利并使你从长期联系的公司中获得提高。

总结

这可能是一个有风险的行业,也可能是一个有特大利润的行业。一个人怎么能在没有利用后者的情况下忍受前者呢?

通过产品、远程辅导电话会议等方式来创造非演讲收入。(如果你用的概念和我的一样,那么非演讲收入可能会包括讲习班和在你家附近的"现场"经验。)使用加速曲线图来保证你在产品和服务中没有"分歧",并且促使客户向利润更高和劳动密集型不强的关系前进。记住,你的客户越信任你,你拥有的大品牌就越多,产生这种情况的机会也就越多。

如果你的"烤架"的嗞嗞声够大够清楚,那么你可以建立社区,让越来越多的人以不同的方式加入到曲线当中,让这个社区对人们更有价值。然后,你可以通过让人们在你的支持下相聚来展示价值。

如果你坚持不懈地这样做,会为了生活而开发客户和提高客户忠诚度。这样的话,推荐的业务会激增,重要市场会确立下来,而你也会在你的专业领域内成为名人。

讽刺的是,你创造的非演讲收入机会越多,你的品牌拥有的力量就越多,你的品牌就会越强大,追随你的人就会越多。

这不是一个不良循环。

第 12 章
为成功做准备

> 开始吧，善待自己

我们总是为失败做准备，却很少为成功做准备。如果你按照本书的建议去做，并拥有天赋和做过相关的训练，那么你会成功。因此，必须有充分的思想准备。

● 天外有天

早些年我在距离我出生和成长地新泽西北部（从曼哈顿岛穿过哈德逊河就能到达）90 分钟路程的费城做过演讲。在这 90 分钟的专题演讲中，我告诉听众我生长在美国人口最密集的城市，在车水马龙的街道玩着扫帚和棍球长大。我和小伙伴在这样的环境下玩扫帚和到下水道里摸找棍球。

"身体壮一点儿的孩子撬开下水道的栏板，"我说，"然后我们扛起身体最轻的孩子，一个叫作伯格的小孩，抓住他的脚踝，摇摇晃晃地把他放进管道里，直到他恰好拿到球。我们会用雨水把球洗干净，然后继续玩游戏，直到警察把我们驱散。"

我当时的演讲题目是企业家的成功和如何建立自己的事业。后来在我签售书的时候，有一个人走过来问我，他是否可以私下与我谈一谈。他告诉我他叫亨利·强森,他很瘦,有些害羞,穿着朴素但很整洁,少了一颗门牙,事实上他只有29岁。

"你在两个小时的时间里改变我的世界。"他简单地说。

作为一个中量级的愤世嫉俗者,我回答说,"我觉得我不能改变你的世界,但是如果你今天得到了一些有用的想法,那还是值得的。"

"不,你不只是改变了我的世界。有段时间我感觉很不好,我都想放弃了。我曾经打算和城市内部的年轻人一起合作,帮他们找工作、继续学业,并引以为自豪。我是在退伍后无法找到工作时有的这种想法,朋友人劝我开展自己的事业,不要依靠代理。他们希望我能够重整形象,去看牙医,做一项事业规划,然后自己挣钱。今天早上,我决定开始实施。"

我觉得他是在演戏或者在重复从别人那里听来的话。

我问道:我到底做了或者说了什么让你有这样的感觉呢?

"我就是伯格,"他说,"我就是那个爬到污水沟、在车底下和养着大狗的院子里找球的那个孩子。我知道你刚才说的是什么,因为那就是我的经历。即使你不说这些,继续阐述今天给我们演讲的要点,我肯定也会为我的梦想和那些孩子开始行动。现在还有和我们一样的孩子,我要去帮助他们。你让我明白我能行。"这是让人震惊的时刻。在我递给亨利名片之前,他一直握着我的手,然后走开了。我永远也不会知道他会成为什么样的人,但是我肯定知道,我会成为什么样的人。

我又一次知道(可能是最深刻地),作为演讲师,我的演讲所产生的影响力远远超出我们的想象。那天,亨利只是很偶然地选择找我谈话,如果当时有多一些的人在人群中转悠,也许他就不会那样做了;如果我在演讲后像平时一样冲向机场,他也不会那样。和亨利·强森的谈话并不重要,知道他们的想法才是重要的。我们的行为、谈吐、举例和出现给人们树立了强大的榜样。

你创造的是什么榜样

你会听到很多演讲师谈论他们的成功和生活方式,但是他们大多是在撒谎。记住这一点:天外有天。我见过价值2 500万美元的游艇像普通小船似的排在圣巴特港。我去过麦克的豪宅,做过私人直升机。我还与能在半小时内买卖我的人共处一室。

那又能怎么样?如果你也认为真正的财富是可支配的时间,那么重要的是拿出你需要的时间享受你的亲情和你的生活,同时在你的职业生涯中帮助别人来激励你的人生。

> 很多演讲师忙着到处赚那些破坏他们财富的金钱。

你给大家举的是什么例子?这个例子是人们在讲台上、演讲室前、讲桌后和舞台前看到的东西的总和,它是你的语言、行为、态度、自发行为、例子、幽默、资料、观点和重点的组合。"演讲时"你能脱口而出、进行互动并且保持热情吗?还是你事先排练、进行精心的设计、假装哭或者分享做作的笑声、虽然为人肤浅却"装真诚"?

没有人相信读到或听到的东西,他们相信看到的东西。当人们看着你时,他们在看什么?讽刺和奇妙的是,这一行业的成功之路是由诚实铺就而不是托词。世界上所有的知识和专业的讲台技巧只能用来装扮肤浅的信息和虚伪的演讲,他们做作,没有一点重量、深度或意义。肤浅和欺骗最终会在伪装的重压下土崩瓦解。

这不是和卖冰激凌或电视一样的职业,听众不会按照口味做出决定。听众无法在购买前测试画面或者在购买之后要求维修。我们的责任重大,我们应负的责任经常无法计量。

不要担心你有多少;重要的是你能提供多少帮助。

道德自律规范:一位演讲师的信条

现在没有政府机构、行业协会或者消费群体来监测我们做的事情。一个特定的客户可以决定是不是要重新雇用我们或者永远不会再看我们一眼,但这一切都是在看过演讲之后,他们当中总会有其他从来没听说过我们的潜在客户。我们必须自己管理自己。不管怎么说,谁都可以挂"职业演讲师,如果有需要请里面请"的招牌。事实上,我们当中很多人都是这么做的。我们不能愚弄自己——我们没有通过任何严格的资格考试来进入或留在这个行业里。

我的意思是,你做得越规范,你就越成功。与其抽象地说"做正确的事情",还不如做满足实际需求的行业更美好。在这一行业里,诚实胜过漂亮的外观,你说的话比你的简历更重要。

演讲师经常在正式的大会和非正式的会议中相聚,但是我真的从未听过关于行业道德规范的讨论。我没有见过任何一个专业团体如此忽视行业的这一方面,并容忍行业中存在剽窃和欺骗行为。

在此,我来定义一些演讲师正确行为的指南。我认为,在一个需要高价值和自律的行业里,它对我们任何一个人来说都是一个很好的测试和规范自己行为的好办法。

一个演讲师的信条

我将主要使用自己的想法和经验,当我赞扬其他意见的时候,那是因为他们支持我的意见。

- 我在讲台上是诚实的,永远不说我认为不真实的话。
- 我会通过听众参与,用我满足客户目标的天赋来处理我的工作。
- 我的收费结构会反映我带给客户的价值,从结果上来讲,客户会认为投资超出了价值。
- 我的目的是帮助人们学习、思考、改变和行动,我真正的影响力在听众离开演讲室以后才显现出来。
- 我不会刻意操纵故事中的情感或者与客户目标无关的行为。
- 我永远不会在没有考虑主题和听众需要的前提下使用建立自我或形象的资料或行为。
- 不管我的信仰多么强烈,我会避免说教,尊重听众的多样性、不同的信仰和个人的思想。
- 我会正确地对待反馈,知道我永远不会像最高的评分那么优秀或者像最低的评分那么糟糕。我的自信来自内心。
- 我的材料和宣传会正确地反映我是谁,我永远不会居功自傲或者发布不当的、非支持性的宣言。
- 我会通过分享经验、提供观点、推荐业务或者指导来帮助其他演讲师，因为在我们成长的同时也在这个行业成长。
- 我会通过公益性工作、财政支援和自愿活动来给我的社区和环境做贡献。
- 对于我没有付出支持的工作，我永远不会提出权利要求，对于没有体验过的工作，我永远不会宣称是我的荣誉。
- 我将制造不同，以体现我的存在。

个人和专业奖励

这本书的小标题与这一部分不相符。事实上，如果你不帮助你自己，就没有办法有效地帮助别人。想想飞机上经常引用的氧气罩使用规则：先给自己戴上氧气罩，然后帮助别人戴上氧气罩。

我们的生活方式和抱负体现了非常个人的信仰体系。我不会把我的生活方式和抱负当作其他人的渴望。我发现在这一行业里，含金量最高的奖励就是能让我通过做大量的公益活动、贡献、志愿服务和给客户提供灵活的条款来帮助别人。我还发现，把家人照顾得越好，就越能更好地履行个人职责，并且按照常规处理不同环境、不同客户的紧张和压力。

在这个行业里，我越来越成功，对工作的选择能力越来越强。我把低回报和低层次的学习机会推荐给可以利用他们的人；不再做那些曾经很喜欢的全天项目，因为我发现那些项目太耗费精力。我把出差频率从某一时期的85%减少到现在的1%，现在我可以把全世界的人吸引到我这里来。我可以和妻子环游世界，送两个孩子去全国最好的私立大学上学，追求有助于保持精力的爱好和兴趣，所有这一切都是用现金支付的。请不要忘记我是那些游荡在下水道附近、托着伯格脚踝的孩子中的一个。

演讲师喜欢过度强调他们做的事情，而较少地强调他们的贡献。

他们的中心是完成任务本身（一次培训演讲），而不是完成任务后的结果（为客户增加的利润）。因此，从这一行业里所有的自我和自我为中心来讲，大部分的演讲师一直低估了他们的贡献，同时收费偏低。具有讽刺意义的是，只有在了解我在这一章中提到的内部标准和远离短暂的外部标准的情况下，我们才能得到大家对我们所做的贡献和结果的欣赏。

我听说演讲师把他们的收费和评价表格结合在一起。评价越高，收费就越高，这就相当于医生是按照在病人的病床边的行为表现来收费的，而不是按照你的健康是否得到保护或者改善而收费的。我听到演讲师用"我的表现非常好，使人印象深刻"来回答"你做得怎么样"，但是我还听其他演讲师说："我已经有所作为，只是他们现在还不知道程度有多大而已。"

> 如果你不能评价自己的贡献，那么听众的评价表对你没有任何益处。如果你想得到宠爱，养一只狗吧！

对胆小的、优柔寡断的或者没有创造力的人来讲，登上孤寂的讲台讲述真理不是一种职业。对需要恭维、肯定或祝贺的人来讲，这也不是合适的场合。

抛开全球化、技术改变和政治冲突，我们每个人从事的都是高贵的职业，一种有上千年根基、前途光明的职业。我们是职业演讲师，能够影响人们的大脑和几百万人的思维，他们能反过来影响另外的几百万人。这是一种独特和意义深远的责任。这样做，我们可以充实自己，从而提高我们不断充实他人的能力。

我们不妨好好地去做。

回报

在电影《星期六晚上先生》中，比利克里斯特尔扮演了一个喜剧角色，在一个难忘的镜头中他让一群在卡斯基尔旅游胜地上的人大笑不止。当他离开舞台时，500名观众全体起立为他鼓掌，他的经理在侧厅里大喊："你的表演大获成功！他们要签长期合同！我们可以写上自己要求的条件！"

但是克里斯特尔似乎没有听见，看上去很纠结。他朝着还在尖叫的观众群看去。

"你没听见我说话吗？"经理大声喊道："你怎么了？这是他们见过的最成功的表演！"

"是吗，"克里斯特尔说，"但是你有没有看见五号桌前面的人？我一整晚都没让他笑过。"

这是我们这个行业众所周知的故事。除非有人单独告诉我们说我们有多么优秀，否则我们会感到一败涂地。我一直认为一项工作的成功是没人向我们抛出什么(起哄)，而且付的支票已承兑。

我不能让别人学习，也不能激发他们的积极性。我与成年人打交道，他们对自己的学习负责。积极性是人类行为的一个内在的方面——它只能来自内心。

我的哪些方面优秀？我能做什么？哦，我能建立一种有利于学习和激发积极性的环境，可以提供相关联的内容，用有趣的方式发表演讲。我能回答与我能力相符的问题，把答案和提问人的境况联系起来；我能用个人的举例来阐述我的观点，真正、婉转地吸引听众的注意力，从而让他们把我的要点和他们的事件联系起来；我可以为有特殊需要的团队进行精心的准备，并且在意外发生时马上进行调整；我保持观众的学习需要优于我的自我需要。

你知道吗，这就已经很多了。如果我努力为我能做的事发表演讲，我是成功的，那么听众可能就会学习、改变、采取行动并受到鼓舞。但是我不能保证做到这些，我只能保证我做好自己的角色。

问题是，除了在舞台上表现我们的机智灵敏以外，即便我们没有对听众或客户做任何贡献，我们也能受到欢迎、得到高分和好评。我知道怎样让听众高兴，怎样让他们鼓掌，如果我愿意，我还知道怎样让他们掉眼泪。这又能怎样？问题是我怎样才能让他们有想学习的想法？

我可以留住任何一个听众，但是我的标准是我能让它摆脱惰性吗？

在这本书的前几章里，我提到了阿尔伯特·班德拉，他是当代最有名的心理学家之一，对自谦做了大量研究，并说没有自尊和不相信自己能力的人容易过分强调表现外在标准。他们不断地想知道在别人眼里他们是怎样表现的，并且依赖仪器评估他们的表现。

但是，那些自恃清高和相信自己能力和天分的人容易用内在标准来评价他们的成功。班德拉的作品暗示这些标准围绕学习和自我发展而生，他称其为"自我克制"。

在我们这个行业里，我们可能有超过客户、听众或者赞助人要求的潜力，我们有能力从每次工作、每个不同的客户和新环境中学到知识。如果我们当中有些人确实有这些能力，那么我们是不同于两年前的演讲师；如果我们当中有些人没有这些才能，那么我们还在用陈旧的方式和10年前讲过的故事继续前进。两者的区别是什么？

如果我们不成长，就不能带给客户和听众增加的价值。我们必须用洞察力和勇气来远离标识临时成功的外部标准，并朝着展示自我克制的内在标准前进。和跑步人的"墙"和试飞员的"极限"一样，有一个超凡、卓越的标准可以让演讲师远离掌声，不再关心五号桌的人和实现自己潜能的程度。不管演讲现场是否有掌声，只要你知晓在这些情况下没有人能做得更好，这种超越就已经实现了。

我们没有取得胜利，也没有"砸锅"。某些人在某时某刻可能好过其他人，但是每次我们要做的事就是尽我们最大的努力，最重要的是努力的本质，而不是取得喝彩的数量。帮助30个愤世嫉俗和有抵抗情绪中的10个人掌握改善境况的技巧和技能，比对100个有积极性的人强调他们已经有多优秀要好得多。两者我们都会做，但是不要混淆相关价值。

总结

天外有天!

不要再用强加给你或者只有你能看到的标准来判断你的成功和地位。你要知道什么对你的生活是重要的,因为工作只是生活的燃料,真正的财富是可以自由支配的时间。我曾经唯一拥有的船是池塘里的划艇,但是大家都知道,在精神力量的推动下我可以租几条船。

做正确的事,并且做好它。让行为一直符合道德规范的要求,不管在这个行业里还是在生活中,你都能胜出。这样你也能得到来自你的个人行为和职业成功的奖励。

作为一个职业,演讲师只是你扮演角色的一部分,不应该用来界定你自己。它是你表达自己和影响你的环境的方式,在某种程度上会让你感到骄傲。

给予回馈是我们义不容辞的责任,我希望你能找到进行回馈的方式。

这本书就是我的一种回馈。

结 束 语

现在你已经读了这本书（有些人喜欢从结束语开始读，有些人会中途跳到结束语），我想它对你了解建立一个七位数字行业的一些主要因素很有帮助。如果这本书被读得破烂不堪、画满了底线、大部分页面上都贴满了自粘标签，不读结束语，你从哪里开始？

如果每件事都是优先考虑的事情，那么没有什么事是优先考虑的事情。

如果你是刚刚从业的演讲师，那么考虑一下下面的主要因素和行为吧。（如果你是资深演讲师，就从下一部分开始，尽管这一部分对你也有价值！）

送给新从业演讲师的加速剂

① 确定你的基本价值提议。也就是说，在演讲结束后，买家和他或者她的公司的境况得到了怎样的改善？

② 确定你的买家。谁写支票？写支票的人从来不是会议策划人或者演讲师机构，其只是中间人。（如果你在办公共讲习班，那么买家就是听众，对于没有名气和追随者的新从业演讲师，我们不做这样的建议。）

③ 创造把买家吸引住的吸引力。成为专业知识的中心和思想领袖。具体选择如下：

结 束 语

- 发表文章；
- 接受采访；
- 发表博客；
- 在有买家和推荐人的场合发表演讲，免费也可以；
- 创作一篇时讯报道（电子版或者复印件）；
- 在当地大学兼职教课；
- 创作电话会议和播客；
- 参加小组讨论会；
- 给你的主要课题创造论文。

④ **接触重要客户**。具体选择如下：
- 告诉所有人你了解你正在提供的价值，并要求得到推荐；
- 在一些社交活动中建立关系网，例如募捐、颁奖仪式、政治活动；
- 为了与人接触和得到给非营利性组织做公益性工作的推荐；
- 在行业和职业协会担当领导职位。

⑤ 在你的专业知识领域内创作三或四篇内容来完成60%的演讲。另外的30%按照客户的要求进行调整，最后的10%按照会议当天的心情而定。

⑥ 采用90分钟（包括时间短一些的）专题演讲、最低收费3 500美元到5 000美元的收费策略。

⑦ 建立一个网站，这是一个有信誉的网站，不是销售网站。其提供有价值的提议、典型客户结果、证书、自传、论文、产品等服务。网站是有机体，你可以在这个有机体里从简单的东西着手，并以此开始。永远不要使用任何"正在建设中"的东西。

⑧ 使用带域名的邮箱（例如，alan@summitconsulting.com），而不是大众服务器上的邮箱（AOL、YAHOO!或者Gmail等）。把带完整签名的文件和名字、所有的联系信息和你的价值提议一同使用。

⑨ 创造高品质信笺抬头、信封、标签和名片。不要把你的照片放在他们上面。

⑩ 使用力量语言。厚着脸皮宣传。开发和制定思维定式，说："我有巨大的价值，如果我不给你提供使用这些价值的机会，就是我失职。"

⑪ 如果你听取别人的意见，一定要确定这个人做过的就是你想做的（例如，在几年来给企业市场做的专题演讲中获得颇丰的收入），否则改变方向，而且要快。

⑫ 如果演讲机构对你有兴趣，把他们当作额外价值，但是永远不要因为他们给你做营销而付钱。他们只能从你的佣金里赚钱。把会议策划人当作获得真正的经济型买家的杠杆点。永远不要把自己的时间浪费在中介机构上。

⑬ 永远不要丧失信心。这个行业和拒绝有关。那些成功是有弹性的。

⑭ 忽视听众反馈、"微笑答卷"和可怕的、冷淡的喝彩。以买家的目标和他或她的满意为中心。

给资深演讲师的加速剂

❶ 为了当前的影响和差别，重新检查你的品牌和价值提议。（如果你没有品牌，那就创造一个。记住，如果你开发了有效的知识财产，那么你的名字是最终品牌。）

❷ 创造过程，而不是事件。这包括演讲前和演讲后的价值，你其实拥有一个3.5万美元的项目，而不是1万美元的演讲。

❸ 利用先进的技术。在网络广播、论坛、聊天室和远程帮助中发挥你的能力。

❹ 写一本提供商业出版的书。这一行业的黄金准则是让大型出版商认为你确实是专业知识的中心。如果你已经有一本或几

本这样的书，是时候再写一本了。

⑤ **定期和集中地开发你的推荐来源**。即便资深演讲师有一份很好的联系名单（这也是资深演讲师的习惯性缺点），一年中至少三次要求联系人给你介绍新买家。这是这一行业的白金标准。

⑥ 如果在过去的两年中你没有更新你的网站和博客，那么现在更新。技术发展得太快，不更新，我们无法与时俱进。

⑦ **创造更精致的产品**。用文字视频、音频和网络的组合来教育和提高你的客户，这些与你是否出现在现场无关。

⑧ **采用"批发/零售"哲学理论**。如果你在企业环境中和一个买家（批发）合作成功，并且拥有强大的品牌和口头支持，那么开始直接给大众提供演讲（零售）。

⑨ **全球化策略**。在你能提供洞察力和观点的国家里创造联盟，这在当地会很有价值。

⑩ **提高你的收费**。如果你只做一次专题演讲，那么你的收费至少应该是 1.2 万美元。作为非名人专家，你的收费最高可达 2.5 万美元。

⑪ **重新评估你和演讲机构的关系**。要求佣金数量最高是 25%，不再为任何营销付钱，并要求提前付款，没有任何暂交第三方保管的合同条目。

⑫ **改进你的付款条件**。要求客户按时支付全款，并且不能退款，即便是在演讲日期被推后或者重新计划的情况下也没有任何惩罚条例。

给演讲机构的建议

① **通过给演讲师安排演讲来赚取佣金，不因你的营销或建议收费**。这应该是你的一部分佣金。

❷ **限制随意收费范围**，允许演讲师根据客户的需要进行协商。你会得到较大的一块份额。

❸ **不要再和会议策划人做交易**，他们是靠节省资金为生，和战略或额外价值没有关系。直接和买家做交易。

❹ **你要明白演讲师是天才**，客户是演讲师的客户，而不是你的客户。没有演讲机构，客户和演讲师可以简单地生存，但是没有客户和演讲师，演讲机构就无法存在。把演讲师当作天才，而不是"雇佣工"。

❺ **结束像"展示柜"这样的"肉市场"**，它只能给你生钱，但是不能吸引真正的客户，并且不能把演讲师定位为表演的海豹。

❻ **雇用少数演讲师**，然后集中精力给顶级天才做宣传，而不是创造巨大的"二手车停车场"。有一些演讲师还没有资格接受代理。为什么你要给收费低于5 000美元的演讲师做代理？

❼ **理智地对待"衍生"业务**。如果你想按照道德规范做事，那么就练习按照道德规范做事。期待从你给演讲师安排的工作中衍生出更多的业务，但是从那以后佣金每年都要减少。

❽ **显示一点信任感**。告诉演讲师，只能提供没有他们联系信息的资料相当于说"我们会给你做代理，但是我们不相信你"，如此一来，人们为什么要相信你？

❾ **不要在看了60分钟的"演示视频"后决定演讲师的能力**。你怎么能这样来做判断？（不要收取"评价"演示视频的费用。）

❿ **取消第三方保管账户**。说"在演讲结束之前我们会为你保管钱，因为我们不能确定你是否会如期出席"这种做法是不合理的。你又能保证什么？